Homenagem a

Elizabeth Moore Erickson

mulher extraordinária, profissional, esposa, mãe e companheira.

Marilia Baker

INSTITUTO MILTON ERICKSON DE BELO HORIZONTE

APRESENTA

Homenagem a

Elizabeth Moore Erickson

mulher extraordinária, profissional, esposa, mãe e companheira.

Marilia Baker

EDITORIAL DIAMANTE
Belo Horizonte
2004

INSTITUTO MILTON H. ERICKSON DE BELO HORIZONTE
Rua Conde de Linhares, 890 - CEP: 30380-030 - Belo Horizonte - MG
Telefax: (31) 3296-5299
E-mail: instituto@MiltonErickson-BH.PSC.br

Revisão: Laura Cançado Ribeiro
Projeto Gráfico: José Sena dos Santos Jr.
Fotografias: Cortesia da família Erickson
Capa: D.C.G. Carmen Ramirez
Edição em Espanhol: Alom Editores, S.A. De C.V., México D.F., México, 2003
(0052) 8500-6161; 5593-5875

Ficha catalográfica elaborada pela Bibliotecária Ana Cristina de Vasconcellos CRB/6-505

Baker, Marilia

B168h Homenagem a Elizabeth Moore Erickson : mulher extraordinária, profissional, esposa, mãe e companheira / Marilia Baker. – Belo Horizonte: Diamante, 2004.
204 p.: il., fots., p&b, color.

ISBN : 85-89351-02-5

1. Erickson, Elizabeth Moore, 1915- . 2. Erickson, Milton H., 1901-1980. 3. Psicólogos - Biografia. 4. Psicoterapia ericksoniana. 5. Psicoterapia estratégica. 6. Hipnose ericksoniana. I. Título.

CDD : 921

A VIDA É LINDA

"A vida não é algo a que se possa dar uma resposta imediata. Você pode usufruir o *processo da espera*, o processo de você se tornar você mesmo, você mesma. Não há nada mais prazeroso do que plantar sementinhas de flores e não saber quais variedades irão brotar".

Milton H. Erickson

Ao Michael, com quem estou partilhando minha vida, experienciando *a verdade, dia a dia,* com todo meu ser.

À nossa filha, Arusha: que você possa encontrar estímulo e inspiração no projeto de vida de um casal tão extraordinário!

Quero agradecer à minha colega e amiga de tantos anos, Teresa Robles, Diretora do Centro Ericksoniano do México, por me oferecer a oportunidade de expressar minha paixão pela nossa missão ericksoniana, através de um instrumento muito importante: *a palavra escrita!* Teresa, uma vez mais, abre suas portas para trazer-nos novas idéias e realizações. Minha sincera gratidão a toda a equipe do *Centro,* sempre devotada e dedicada à nossa missão. Agradeço, em primeiro lugar, a Rosa Maria Solis, que traduziu o documento original do inglês para o espanhol e o revisou, sob a supervisão de Teresa Robles e do Professor Agustin Monsreal. Em segundo lugar, agradeço à projetista gráfica Carmen Ramirez – suas qualidades artísticas foram muito importantes para este trabalho, em sua edição mexicana. Agradeço também às sábias mãos de Maria de la Luz de Dios pela minuciosa atenção aos detalhes. Ao Alom Editores, que publicou a primeira edição em espanhol deste livro em 2003, meus sinceros agradecimentos pela excelência e dedicação a nosso importante trabalho.

Quero também agradecer meus colegas Angela Cota Guimarães Mendonça e J. Augusto Mendonça, diretores do Instituto Milton H. Erickson de Belo Horizonte, pelo alcance de sua visão e generosidade em convidar-me para publicar este trabalho, homenageando a extraordinária mulher de nosso grande Mestre. Agradeço muitíssimo a inestimável assessoria da psicóloga e psicoterapeuta Profa. Laura Cançado Ribeiro, que me acompanhou nesta viagem de volta às minhas raízes. Ao psicólogo Gustavo Mendonça, co-editor do Editorial Diamante e membro do Conselho de Diretores do IMHE de Belo Horizonte, meu muito obrigada – nossa colaboração tem sido um prazer imenso. Carol Abel, fotografa, artista gráfica, foi indispensável na restauração digital das fotos.

Menciono também com respeito e admiração, a influencia em meu trabalho e, em minha vida, da psicóloga M. Margarida M. J. de Carvalho, Magui, amiga-irmã. Com carinho e solidariedade profissional, agradeço Sofia Bauer e Márcia Alencar, minhas co-diretoras do Instituto Milton H. Erickson de Florianópolis e, presidente e vice-presidente, respectivamente, da Sociedade Brasileira de Hipnose, por me incluírem sempre. À Márcia Mathias, também da Sociedade Brasileira de Hipnose, um abraço grato e amigo. Por fim, deixo registrada aqui minha profunda gratidão à visão do psicólogo José Carlos Vitor Gomes, que com arrojo e coragem, abriu as portas do Brasil ao movimento ericksoniano contemporâneo.

Na segunda parte deste livro, apresento a entrevista feita com Elizabeth Moore Erickson, que foi publicada em inglês no jornal *Milton H. Erickson Foundation Newsletter,* na Edição Comemorativa do centenário de nascimento de Milton H. Erickson (volume 2, número 2, do verão de 2001). Agradeço muitíssimo ao Conselho Editorial do *Newsletter* a permissão para traduzir essa entrevista para o espanhol e para o português. A fim de facilitar aos leitores da presente edição e inseri-la no contexto deste trabalho, fiz algumas mudanças, acrescentei perguntas e as respectivas respostas, além de comentários não publicados na versão original.

Estou muito agradecida às irmãs Betty Alice Erickson, na ocasião Diretora Executiva do jornal da Fundação, e Roxanna Erickson Klein, por confiarem em mim para a realização da entrevista original. Sou grata também pela permissão e pelo estímulo que me deram para que a expandisse posteriormente em forma de livro, a partir do convite de Teresa Robles. Agradeço a Dan Short, Diretor Associado da Fundação Erickson, na época Redator-Chefe da publicação, por facilitar os primeiros contatos com as irmãs Erickson. Obrigada, Dan, por tornar realidade meu desejo e sonho de entrevistar D. Elizabeth.

Meus agradecimentos também ao psicólogo Mario Pacheco Leon, diretor do Instituto Milton H. Erickson de Santiago, Chile, que traduziu do inglês para o espanhol uma primeira versão da entrevista. Teresa Robles e Rosa Maria Solis adaptaram esta monografia para o espanhol, em sua totalidade, para fins de publicação pelo *Centro Ericksoniano de México.* Meu profundo reconhecimento aos ideais da psicóloga Virgínia Gazini Cardoso, de Ribeirão Preto, que plantou em mim, há muitos anos atrás, as sementes deste projeto.

Elizabeth Moore Erickson, e seus filhos Bert Erickson, Betty Alice Erickson e Roxanna Erickson Klein, foram extremamente generosos com seu tempo, suas recordações, as fotografias da família e demais materiais. Bert e sua mulher Lillian, Betty Alice e Roxanna apoiaram inteiramente este projeto, uma "causa nobre", como diz esta última. Reconheço, agradecida, a participação de uma outra filha, a médica Kristina Erickson, por ter-me acolhido, e dar-me de seu tempo para falar sobre seus pais, apesar de ocupadíssima no Pronto Socorro de seu hospital. Agradeço a todos eles pela sua visão de futuro enquanto, juntos com sua mãe, visitávamos o passado.

O casal Jay Haley e Madeleine Richeport-Haley também me proporcionou uma grande ajuda. Muito obrigada, por confirmarem minha intuição sobre Elizabeth Erickson. Estendo igualmente minha gratidão aos vizinhos de muitos anos dos Erickson, Al e Marjorie Soroka, que partilharam comigo suas memórias e seus álbuns de fotografias.

Meu reconhecimento e minha gratidão a Jeffrey K. Zeig, Diretor da Fundação Milton H. Erickson e Presidente do Conselho de Diretores desde o início. Estou agradecida pela sua visão ampla e pela missão, em que tem se mostrado infatigável, de levar o legado de Milton H. Erickson aos quatro cantos do mundo. Hoje em dia temos mais de cem *casas de aprendizagem* – institutos, centros, sociedades – ao redor do mundo, afiliadas à Fundação e que se dedicam a seguir as abordagens e metodologias de Milton H. Erickson.

O Centro Ericksoniano do México, *un lugar de encuentro*, é um extraordinário exemplo do legado generativo de Erickson. Esse Instituto está plena e firmemente na vanguarda dessa rica e multidimensional herança, através dos excelentes programas de capacitação, formação, supervisão e trabalho clínico que oferece. Entre eles, destaca-se o primeiro programa estabelecido no mundo de Mestrado em Psicoterapia Ericksoniana, reconhecido por órgãos oficiais. Esse fato é apenas um dos muitos exemplos do trabalho produtivo de Teresa Robles e de seus incansáveis esforços, para que seus muitos sonhos se concretizem em projetos reais. Tenho a incontestável certeza de que a maior contribuição de Robles ao campo da hipnose e da psicoterapia ericksonianas vem sendo a criação e desenvolvimento de uma *linguagem e gramática hipnóticas* singularmente apropriada às nossas línguas românicas – italiano, francês, espanhol e português.[1]

Com este livro, que homenageia Elizabeth Moore Erickson, mulher extraordinária, profissional, esposa, mãe e companheira, o Centro Ericksoniano do México e o Instituto Milton H. Erickson de Belo Horizonte me permitem oferecer outro aspecto fundamentalmente importante do legado de Erickson. E me permitem entregar agora, como um todo finalmente completo: com ambas as pernas, ambos os braços, ambos os ouvidos, ambos os olhos, mas unidos em um só coração palpitante, Milton Hyland Erickson e sua companheira de vida, Elizabeth Moore Erickson.

Marilia Baker
Phoenix, Arizona
3 de janeiro de 2004

---

1. Ver: Teresa ROBLES, *Concerto para quatro cérebros*: em psicoterapia; Teresa ROBLES, *A magia de nossos disfarces*; Teresa ROBLES, Jorge ABIA, *Autohipnose*: aprendendo a caminhar pela vida; Teresa ROBLES, *Revisando o passado para construir o futuro*: manual de autohipnose.

ÍNDICE

APRESENTAÇÃO PELO CENTRO ERICKSONIANO DO MÉXICO

Este livro é uma homenagem a uma mulher e a um casal. Mas é também uma homenagem a *todas* as mulheres e a todos os *casais* que querem construir, viver e experienciar juntos sua vida.

Marilia Baker, amiga querida, irmã brasileira, companheira de caminho, escreveu esta homenagem a Elizabeth Moore Erickson e, através dela, a *todas as mulheres* que lutam para serem mulheres completas, trabalhando, criando, acompanhadas ou sós. Mas é também uma homenagem à Marilia mesma, que, ao se interessar pela vida de D. Elizabeth e de seu marido, está se refletindo e se vendo em sua própria vida como mulher, amiga, autora, profissional, como mãe de sua filha Arusha e como companheira do Michael, por mais de 13 mil dias, através desta viagem de iniciação que é a vida conjugal.

Marilia, assim como D. Elizabeth, vem realizando um trabalho importantíssimo para a difusão do movimento ericksoniano em nossos países. Sempre em silêncio, sempre permanecendo detrás daqueles que brilham e aparecem, ela faz seu trabalho, silenciosamente tecendo redes, fazendo contatos, interligando, unindo, sempre dando apoio.

Nestes tempos tão difíceis para as mulheres e para os casais que querem viver de um modo diferente do de seus pais, evoluindo, progredindo profissionalmente e no âmbito familiar, este livro revive os questionamentos da grande poeta mexicana, Rosário Castellanos:

Deve haver outra forma de ser
humano e livre...
outra forma de ser

Obrigada, Marilia, por contar-nos esta história que às vezes parece um conto de fadas e às vezes mostra uma vida plena, interessante, da qual nasceu o que é para mim a *Psicoterapia dos Novos Tempos!*

Obrigada por permitir que o nosso Centro e o nosso Editorial sejam o veículo para que seja conhecida. Obrigada por sua amizade, por seu apoio, obrigada por estar aqui.

Teresa Robles
Phoenix, Arizona
23 de março de 2003

APRESENTAÇÃO POR M. MARGARIDA M. J. DE CARVALHO

Conheci o trabalho de Milton Erickson em princípios da década de 80 e comecei a freqüentar os Congressos e os treinamentos organizados, após o falecimento dele, pela recém-criada Fundação Milton H. Erickson. E conheci Marilia Baker em 1992, quando soube que havia uma brasileira morando no Arizona que era parte do corpo docente nos treinamentos em Phoenix. Ela também foi informada da existência de uma brasileira que estava indo aos Estados Unidos todos os anos para aprender sobre Erickson e sua obra – essa era eu.

As duas muito curiosas, acabamos por nos conhecer e estabelecemos uma sólida amizade, de amigas-irmãs. Passamos a compartilhar quarto de hotel nos congressos, projetos de trabalho, sonhos! E foram várias nossas realizações em conjunto por todos estes anos.

Nessa época já havia conhecido também a Sra. Erickson. Assisti uma palestra sua onde ela desmistificava o Erickson "mágico" que fazia tudo no improviso. Contou que ele trabalhava muito em casa, entre cada atendimento ao paciente; que ele fazia, freqüentemente, sessões longas e que nas primeiras sessões levantava dados sobre o paciente; muitas vezes, após várias sessões e após estudar muito todos os dados é que Erickson levava o paciente a um estado de transe terapêutico; que ele começava a planejar uma estratégia analisando todas as informações e observando muito e escolhia cuidadosamente cada palavra a ser dita. Tenho anotado em um caderno essa palestra na sua íntegra e ela para mim foi importantíssima. Criei coragem para começar a atender no estilo de Erickson depois de tê-la escutado – ele ficou mais humano e mais fácil de ser tomado como modelo. Assim sendo, eu também poderia trabalhar sobre os detalhes observados e seguir seus princípios, seus valores, seus métodos.

Obrigada, Marilia, por esta oportunidade de poder agradecer a Sra. Erickson, por sua iniciativa, tão oportuna na época, de mostrar a atitude séria e responsável de Erickson frente a seus pacientes. O que não diminuía a genialidade de suas soluções. Conversei com D. Elizabeth algumas vezes. Uma vez compartilhamos um carro do aeroporto até o hotel, onde se realizaria um Congresso. O trajeto era longo, o que permitiu uma longa conversa. Fiz várias perguntas sobre Erickson e ela me respondeu com uma espontaneidade surpreendente. Nesses encontros, me encantei com sua simplicidade, inteligência e força pessoal.

Foi, portanto, com grande prazer que recebi o convite de Marilia para fazer a apresentação deste livro, na sua versão para o português. O livro fala, implícita e explicitamente, destas duas mulheres que admiro muito. Implicitamente de Marilia, que, com sua força de vida e coragem, saiu do Brasil, trabalhou e estudou fora, casou-se com um americano, teve sua filha, e passou por todas as vicissitudes de uma estrangeira conquistando um lugar ao sol no mercado de trabalho americano. E, explicitamente, de Elizabeth, a companheira dedicada e atenta aos movimentos e necessidades de Erickson, mãe presente de seus muitos filhos, sem deixar de ser uma profissional com personalidade definida. É difícil não se anular ao lado de um homem poderoso, ser alguém com identidade própria. Elizabeth Moore Erickson conseguiu ser sua própria fonte de luz e sua luz tem muito brilho.

Parabéns às duas que, juntas, pesquisadora e pesquisada, compuseram este livro delicado e feminino, que, ao mesmo tempo, traz uma valiosa contribuição para o conhecimento da vida pessoal de Milton H. Erickson e de sua companheira de vida.

M. Margarida M. J. de Carvalho
São Paulo, 24 de novembro de 2003.

PRÓLOGO

Que grande prazer em participar desta homenagem à nossa mãe, Elizabeth Erickson! Ao longo dos anos, vários familiares nossos vêm sendo procurados por inúmeras pessoas, tanto profissionais de saúde como indivíduos interessados na obra de nosso pai, Milton H. Erickson, e em sua revolucionária e singular abordagem da hipnose e da psicoterapia. Apesar de sua vida ter-se acabado há mais de vinte anos, o interesse nele e em seu trabalho persistiu e profissionais de todo o mundo continuam nos perguntando sobre ele. Algumas vezes os que perguntam são humildes e simpáticos, outras vezes são encantadoramente intrometidos. Nós todos, da família, aprendemos a dar-lhes respostas satisfatórias, preservando o nível desejado de privacidade, mas sentindo um grande prazer nesse interesse.

Marilia Baker foi um primor de delicadeza, na maneira pela qual descobriu mais e mais detalhes sobre nossa família. Todos estamos muito felizes pelo fato de ela ter manifestado um interesse específico por nossa mãe, cujas contribuições foram centrais e muito importantes para a obra de nosso pai. Desde há muito tempo, toda a família reconhece a importância do pensamento de nossa mãe, tão diferente do pensamento de nosso pai, sua perspectiva freqüentemente contrastante, e o apoio total que dava às realizações pessoais e profissionais dele.

Mamãe acreditava que parte de seu papel era o de liberá-lo de algumas de suas obrigações cotidianas, para que ele pudesse dedicar-se às suas reflexões e aprofundá-las. Acreditava também que podia estimular a criatividade dele com suas próprias perspectivas, pessoais e únicas, e trabalhar com ele, como parceira e colega, no recinto da família. E fez isso. E fez isso sem alarde e com grande repercussão. Papai reagia à sua individualidade e às suas idéias com um respeito enorme, tanto que, freqüentemente, modificava suas posições para acolher as dela. A independência de pensamento de Mamãe, revestida de uma atitude de apoio total, permitiu que o talento genial de Papai viesse plenamente à tona.

Sempre existem muitas *transições* na vida de uma família. Na nossa, uma dessas transições aconteceu quando o trabalho de Papai, que era fora de casa, passou a ser num consultório dentro de nossa casa, com o quarto da frente transformado em sala de espera para os pacientes e a sala de jantar, em recepção e secretaria. Já há muito tempo, nossos pais tinham-se apoderado da mesa grande de jantar, dedicados que estavam ao esforço hercúleo do trabalho com a revista científica *American Journal of Clinical Hypnosis,* fazendo-a deslanchar, organizando-a e fazendo o trabalho de redação e edição, por uma década inteira.

Posteriormente, os dois começaram a viajar, à medida que os cursos de Papai ganharam maior dimensão, nacional e internacionalmente. Então, os pacientes foram parcialmente substituídos por um séqüito cada vez maior de estudantes, alguns dos quais ficavam em nossa casa por longos períodos. E, à medida que as incapacidades físicas de nosso pai foram aumentando, tivemos necessidade de mudar para uma outra casa, onde coubessem tanto sua cadeira de rodas como o número cada vez maior de discípulos e estudantes. Apesar de tudo, nós, os filhos, encarávamos todas essas mudanças como parte *perfeitamente normal* da rotina cotidiana da família.

Hoje em dia, contudo, já adultos, temos consciência de que fomos extraordinariamente privilegiados por todas as experiências e oportunidades que tivemos, mas especialmente porque Mamãe e Papai foram os nossos progenitores. Fomos testemunhas da empatia, da cooperação, da adaptação mútua, da capacidade de focalização, dos momentos agradáveis e da alegria de viver que os dois tinham e de que acabaram sendo modelos, para todos nós.

Sabemos também que nossa mãe nos deu, a todos os seus filhos, muito mais do que a maioria das pessoas jamais poderá imaginar. Mais do que ninguém, nós, os filhos, sabemos que Papai, sem a nossa mãe, não poderia ter feito o que fez e realizou. E é muito bom que Marilia *também sinta* e *veja* isso!

Agradecemos, Marilia, por este trabalho, por contar a história em sua própria língua, em suas próprias palavras e em seu próprio estilo. Somos gratas também por permitir-nos ter a alegria de poder recordar e refletir sobre alguns daqueles pequenos aspectos da vida cotidiana que verdadeiramente significam muito.

Teresa, nossos agradecimentos pelo estímulo e pelos meios e recursos que você proporcionou a este projeto. Suas sugestões e convites à reflexão, tanto para Marilia como para nós, deram-nos a oportunidade de nos conhecermos, e de escutar a música de vozes diferentes que, juntas, contam uma linda história.

Roxanna Erickson Klein e Betty Alice Erickson
Dallas, Texas,
5 dezembro de 2002

INTRODUÇÃO

Sempre relacione os fenômenos entre si. Una sempre uma coisa à outra. Essa foi a essência de sua mensagem. Una a prosa à paixão e ambas serão exaltadas. E o amor humano será visto em todo o seu esplendor. Não viva mais em fragmentos. Una, una sempre...

E.M.Forster

Entrevistar e conhecer mais de perto Elizabeth Euphemia Moore Erickson foi uma honra e um privilégio extraordinários. Além de ser a esposa de Milton Hyland Erickson e cuidar dele em seus últimos anos, D. Elizabeth foi sua companheira, mãe de seus oito filhos, sua colega e colaboradora nas pesquisas, seu sujeito hipnótico, sua redatora, escritora assistente e revisora. D. Elizabeth presenciou e, como participante ativa, ajudou a fundamentar a integração da hipnose e da psicoterapia na segunda metade do século XX.

Além do papel profissional que desempenhou, D. Elizabeth colaborou com seu marido e colegas próximos por varias décadas. Foi também a grande diretora executiva de uma 'corporação familiar' muito ativa, cuidando de seus oito filhos e educando-os: os três que o marido trouxe para o casamento e os cinco que juntos tiveram. O casamento deles, iniciado em 1936, foi feliz, bem sucedido e revelou a presença de forte sinergia. Juntos, encontraram soluções produtivas e inovadoras para os problemas cotidianos que surgiram no percurso e, juntos, enfrentaram os difíceis desafios de uma vida profissional amiúde conturbada pelas graves crises de saúde que sofreu Dr. Erickson.[1]

Os filhos dos Erickson - Bert, Lance, Carol, Betty Alice, Allan, Robert, Roxanna e Kristina – dedicam-se a profissões variadas, nas áreas acadêmica, agrícola, matemática e nas artes médicas. A prole é imensa: Elizabeth Erickson teve 34 netos (um, já falecido) e tem atualmente 46 bisnetos e 4 trinetos, *e ela faz o melhor que pode para manter-se a par de tudo o que acontece a todos!*

Uma das razões que me levaram a realizar este projeto foi acreditar que poderei ser uma melhor terapeuta ericksoniana, ao apreender o papel que D. Elizabeth desempenhou junto a seu famoso marido. Quero ser uma melhor terapeuta - capaz de criar, aplicar, inventar minhas próprias intervenções *naturais* e aprender a refletir mais intensamente sobre minha própria vida e sobre aquilo que me rodeia, sempre *observando, observando, observando.*

Isso é também o que sempre ensino a meus estudantes: *observar e avaliar*, ver, tomar consciência, e cuidadosamente prestar atenção às 'dicas mínimas' de seus clientes, como condição *sine qua non* para criar e desenvolver boas intervenções.

---

1. Para uma descrição detalhada escrita por Elizabeth Erickson, sobre os desafios físicos enfrentados por seu marido, ver: Elizabeth ERICKSON, *About Erickson: his physical struggles*, disponível em: <www.erickson-foundation.org/health.htm>. Originalmente publicada em: Jefffrey K ZEIG, *Vivenciando Erickson*, p. 38-46.

Desde muitos anos atrás, tenho curiosidade profissional sobre o trabalho de Milton H. Erickson. Recentemente, tive oportunidade de saber sobre seus primeiros anos no Arizona, por conversas diretas com sua companheira de vida, Elizabeth Moore. Esse fato tem sido imensamente enriquecedor para mim como pessoa, e para meu trabalho clínico.

Ao descrever os desafios físicos que Milton H. Erickson enfrentou, Ernest Rossi enfatiza: "Os mal-entendidos, as inconsistências e confusões que derivaram de suas incapacidades e outros desvios (como a dislexia, a surdez musical, e o daltonismo) poderiam ter inibido o funcionamento mental de qualquer outra pessoa. Contudo, para o jovem Milton, essas diferenças em relação à maior parte de seus semelhantes aparentemente tiveram efeito contrário – estimularam sua capacidade de deslumbrar-se com tudo, e sua curiosidade a respeito de tudo".[2]

Ainda que eu não tenha nenhuma das deficiências físicas que Erickson teve, nem tenha de enfrentar nenhum dos desafios que enfrentou, o fato de ser canhota e dextrocardíaca sugere que algo em meu *circuito interno* não está dentro dos padrões usuais da normalidade. Dessa forma, *observar, observar e observar* vem sendo uma exigência interna e intuitiva, desde que eu era criança.

O fato de trabalhar como hipnoterapeuta poliglota nesta sociedade multicultural dos Estados Unidos me obriga a estar sempre vigilante aos matizes com que utilizo a linguagem

2. Ernest L. ROSSI et al. (Eds.), *Healing in hypnosis*, p. 5.

hipnótica, de forma apropriada e adequada a cada uma das culturas com que trabalho. Ou seja, além de fazer a terapia *sob medida* para cada cliente, atenta ao que está sendo expresso na linguagem emocional do mesmo, também a faço *sob medida* para cada cultura de onde provém o paciente e sua família, seja ela a da maioria anglo-saxã, ou hispano-americana, brasileira ou portuguesa, continental ou das ilhas.

Milton H. Erickson tinha uma orientação fundamentalmente *natural*. Acreditava que o trabalho terapêutico iniciado no consultório deveria continuar *fora dele*, na vida diária, no dia-a-dia. Suas técnicas incluíam a *utilização* dos fenômenos de transe comuns e cotidianos, assim como o uso de técnicas diretivas *para eliciar* os recursos únicos e singulares de cada indivíduo. Elizabeth Erickson partilhava dessa visão. Sua curiosidade intelectual, sua agudeza profissional, sua incansável dedicação e devoção a um gênio de nosso tempo, numa convivência dia-a-dia, num cotidiano comum que durou quase 44 anos, ou sejam, 16.000 dias, dão a ela uma genialidade própria, *sui-generis*.

Quando introduzo aqui o conceito de *número aproximado de dias que os Erickson viveram juntos,* esse conceito remete à minha compreensão do 'princípio de iluminação' expresso nos ensinamentos filosóficos orientais, que afirmam: "Vê-se a Verdade através de nossos olhos do dia-a-dia".[3] Ou, por extensão, vivenciamos a Verdade com nosso ser cotidiano. Por isso, tenho muito interesse pela fenomenologia e pela psicologia

3. Joyce MILLS, Richard CROWLEY, *Therapeutic metaphors for children and the child within*, p. 8.

da vida diária, ou seja, a forma pela qual as pessoas transitam pelo seu dia-a-dia, pelas suas inúmeras pequenas tarefas e interações, sem qualquer tentativa de dar-lhes explicação e, por outro lado, como essas mesmas pessoas dão *significado e propósito* a essas mesmas tarefas e interações do dia-a-dia.

Para um casal, a oportunidade quintessencial de vivenciar essa iluminação ocorre ao dar **sentido e propósito** a cada um dos dias vividos *simultaneamente* juntos *e* separados, cada um nas respectivas tarefas, *co-criando* com a natureza e a sociedade. A visão de Milton H. Erickson sobre o indivíduo e sobre o ciclo de vida do casal – assim como a jornada psicológica que supõe - indica que ele tinha esse *saber* profundo e natural.

Primeira Parte

MEIGA FORTALEZA

Que seulement je fasse de ma vie,
une chose simple et droite,
pareille une flute de roseau,
qu'on puisse emplir de musique...[1]

RABINDRANATH TAGORE

Há muitos anos venho querendo escrever sobre D. Elizabeth. Sempre tive uma *certeza* persistente e intuitiva sobre o papel que desempenhou, trabalhando ombro a ombro com seu marido no dar forma e moldar a direção e os resultados da hipnose e psicoterapia modernas. Grande parte de minha certeza consistiu simplesmente no reconhecimento de sua participação profissional, como escritora, redatora, pesquisadora, sujeito hipnótico, assistente editorial e responsável por correspondência nacional e internacional numa revista de grande prestígio no campo da hipnose.[2]

Uma confirmação recente desse papel e posição de parceira de seu tão aclamado marido encontra-se no livro *The Letters of Milton H. Erickson,*[3] onde há o reconhecimento, tornado público por ele, da unidade pessoal e profissional existente no relacionamento dos dois. Um exemplo desse trabalho conjunto do casal acha-se descrito na correspondência entre Margaret

1. Que, somente, eu faça de minha vida uma coisa simples e reta, como uma flauta de bambu, que se possa encher de música...
2. D. Elizabeth foi redatora-assistente do *American Journal of Clínical Hypnosis* de 1958 a 1969; foi também gerente do Departamento de Assinaturas dessa mesma revista, de 1958 a 1962, e do Departamento de Assinaturas Estrangeiras de 1958 a 1965.
3. Jeffrey K. ZEIG, Brent B. GEARY (Eds.), *The letters of Milton H. Erickson.*

Mead e Milton H. Erickson. Em 1939, por sugestão de Abraham Maslow, a renomada antropóloga escreveu a Erickson, pedindo-lhe que a ajudasse a explicar os complexos fenômenos hipnóticos observados nas danças coletivas dos templos de Bali e que haviam sido filmadas extensivamente por ela e seu marido, o igualmente renomado cientista Gregory Bateson.

Erickson incluiu sua mulher em todo esse processo. Elizabeth foi recrutada para identificar as minúcias dos movimentos dos dançarinos dos templos de Bali e verificar – ela mesma estando em transe hipnótico – quais daqueles estavam verdadeiramente em transe e quais estavam simulando. Pareceu-me muito claro, por essas cartas, o quanto o Dr. Erickson respeitava e valorizava o trabalho de sua mulher. Ela não só participou nesse projeto com Mead e Bateson como, posteriormente, participou ativamente da correspondência que passou a existir entre eles. Disso tudo, nasceu uma profunda amizade pessoal entre os casais.

Aconteceu integração semelhante em outros momentos da produtiva vida profissional e pessoal do casal Erickson. Com relação a Margaret Mead, D. Elizabeth descreve em detalhe, na Segunda Parte deste livro (Entrevista por ocasião do Centenário do Dr. Erickson), seu profundo afeto pela antropóloga: "à medida que os anos passavam, cada vez mais, sentia que ela era aquela querida irmã mais velha que sempre desejara ter".

D. Elizabeth contou-me também da amizade que amadureceu entre ela e Elma, mulher de Leslie LeCron, e entre ela e Maria Nys, primeira esposa de Aldous Huxley, nos fins da década de 40. "... Elma, então casada com LeCron, tornou-se uma de minhas melhores amigas, o que também aconteceu com Maria Huxley, que era conhecida por saber receber bem. Dava jantares maravilhosos, com comida requintada, para vários convidados, sempre intelectuais. Durante vários anos, nós três nos divertimos muito, em nossos almoços e idas às compras".

Um dos primeiros livros que divulgou amplamente o trabalho singular de Erickson, *Terapia Não-Convencional*, escrito por Jay Haley em sua versão original na língua inglesa, em 1973, foi dedicado a Elizabeth Erickson. Esse livro aborda pela primeira vez na história da psicoterapia o conceito de *terapia estratégica* - usando técnicas hipnóticas, quer se induza ou não um transe. Descreve também as requintadas intervenções terapêuticas de Erickson, únicas no gênero e focadas no ciclo de vida da família, as quais Haley havia observado e estudado por quase vinte anos. Jay Haley organizou cada capítulo e cada descrição clínica de caso de acordo com a perspectiva desenvolvimental de Erickson sobre o ciclo de vida. E descreveu suas intervenções de acordo com cada etapa do ciclo de vida da família: o período de noivado; depois, o da revisão de caráter no jovem adulto; o casamento e suas conseqüências; o nascimento dos filhos; o período de educação das crianças; os dilemas familiares; a partida dos filhos da casa paterna e a dor da velhice.

Perguntei ao Dr. Haley porque havia dedicado o livro a Elizabeth Erickson. Sua resposta: - "Porque eu a admirava muito, pelo tanto que ajudava Milton. Durante os muitos anos em que estudei com ele, a cada vez que eu ia a Phoenix, ela *sempre me recebia à porta e me dava as boas vindas.* Sempre tínhamos uma conversa animada sobre o que estava acontecendo com minhas pesquisas em Palo Alto (grupo de Gregory Bateson); sobre as pesquisas deles em Phoenix; sobre seu trabalho como redatora do *Journal of the American Society of Clinical Hypnosis* e sobre outros projetos".

Haley disse também que sempre admirou a capacidade de D. Elizabeth de desempenhar tantos papéis *simultaneamente,* tanto administrando o grande número de crianças na casa, como os pacientes que esperavam pela consulta na sala de estar da casa; e, sobre a mesa da sala de jantar, os muitos manuscritos e artigos que ela diligentemente editava e revisava.

A mulher de Jay Haley, a antropóloga Madeleine Richeport-Haley, que foi também aluna de Erickson e que durante muitos anos gravou e analisou os fenômenos de transe coletivo nos rituais religiosos afro-caribenhos e afro-brasileiros, particularmente da religião Yoruba no nordeste do Brasil, também admira muito D. Elizabeth. Diz ela: - "Para mim, não há mulher que suplante Betty Erickson. É uma mulher tão forte, extraordinária".[4] Richeport comentou também comigo sobre a boa disposição constante que demonstra, sempre alegre e sorridente, mesmo na adversidade, também recordando como "Betty era tão afetuosa com todos os colegas do marido", especialmente os estrangeiros.

---

4. Erickson e seu círculo de amigos mais íntimos a chamavam de "Betty", apelido que lhe havia sido dado pelo Dr. Erickson, quando a conheceu em 1935.

Ambos, Haley e Richeport, comentaram também "que maravilhosa anfitriã Betty era com todos os médicos e colegas" - profissionais que vinham da Ásia, da Europa, do Brasil, do México e do Caribe. E prosseguem: - "todos comentavam sobre sua amabilidade, beleza e inteligência". Por exemplo, o Dr. Hilton Lopez de Porto Rico, um dos professores de Madeleine Richeport, em conversa com ela, elogiou Betty Erickson especialmente. Todos os dois, do casal Richeport-Haley, me deram apoio integral para a realização desta homenagem a Elizabeth Moore Erickson.

Não obstante essas honrarias tão merecidas, a meu ver, o papel fundamental de D. Elizabeth ainda não foi suficientemente mencionado na literatura sobre Erickson. Sendo assim, quis buscar mais e aprender mais sobre ela, quase como se eu estivesse numa expedição arqueológica onde, com paciência e esmero, juntasse diversos pedaços de história.

COMO A CONHECI

Vem-me à lembrança meu primeiro encontro pessoal com D. Elizabeth, que aconteceu em maio de 1989, quando Teresa Robles veio a Phoenix para dar um *workshop* na Fundação Erickson. Mirta Ghiorzi Volek, uma colega argentina, que era do Corpo Docente do Programa Intensivo de Formação da Fundação, havia convidado Teresa e sua equipe para que ensinassem a nós, terapeutas que trabalhávamos com populações mexicano-americanas, os valores tradicionais, costumes, modo de pensar e as práticas medicinais da população mexicana da fronteira.

Além de Teresa Robles, a equipe era composta pelo médico mexicano Jorge Abia, hipnoterapeuta, especialista em medicina psicossomática, medicina interna e medicina tradicional mexicana; pela psicanalista e terapeuta familiar argentina Marta Fernandez e Guillermo Bernal, psiquiatra, natural de El Salvador e, na época, Diretor do programa psiquiátrico do Ambulatório da Clínica de Saúde Mental da Faculdade de Medicina da *Ohio State University*.

Esse encontro foi bem significativo para mim, não só pelos importantes ensinamentos que Teresa e sua equipe nos transmitiram, como também porque tive, naquele momento, a forte sensação de que era necessário registrar para um público muito maior as narrativas e a história daquelas mulheres ericksonianas. Meu interesse principal tem sido Elizabeth Erickson, pelas razões tão especiais que já apresentei na Introdução e, mais particularmente, porque a tomo como um modelo máximo para nós, mulheres.

Há muito tempo venho pensando em um projeto desta natureza, a fim de despertar nas mentes e corações das moças e dos rapazes que estão se formando em nossos países - nosso mundo ibero-americano - o desejo de avançar em sua *busca da excelência* como ericksonianos, ao mesmo tempo em que desenvolvem o equilíbrio das facetas pessoais e profissionais de suas vidas.

Teresa Robles no México, Maria Margarida de Carvalho, Sofia Bauer, Márcia Alencar, Angela Cota Guimarães Mendonça, Márcia Mathias e Magda Pearson no Brasil e Carmen Milan na Argentina são profissionais que me vêm à mente como líderes incansáveis, disseminando o trabalho de Erickson em nosso continente e mais além. Todas elas são fundadoras e diretoras de Institutos, que se encontram na vanguarda do movimento ericksoniano. É incomensurável o *efeito multiplicador* que exercem, através das inovações, da capacitação de psicoterapeutas, do ensino, da publicação de livros, da supervisão e das apresentações em congressos.

Essas mulheres são também mães, avós ou tias ocupadas, atendendo a muitas exigências de família. Maria Margarida de Carvalho é um grande exemplo: uma pioneira da psicologia, da psico-oncologia e do movimento ericksoniano no Brasil, é uma profissional ocupadíssima, engajada no trabalho de consultório, em seus cursos e seminários, sendo também autora de vários livros e conferencista internacional, ao mesmo tempo em que se dedica totalmente ao bem-estar de seus netos, familiares e amigos.

Teresa Robles é um outro exemplo, com prática clínica em tempo integral e atuando simultaneamente como diretora do *Centro Ericksoniano*, formando e supervisionando estudantes, tanto no México como em outros países. Além disso, tem publicações importantes, que vêm influenciando a prática hipnoterapêutica que se faz em língua latina. Participa ativamente de conselhos diretores de várias organizações internacionais. Entretanto, mantém com a família uma vida de união e proximidade, estando muito presente na vida de seus três filhos adultos e de seus respectivos cônjuges, dos sete netos, e dos sogros, irmãos, sobrinhos e outros familiares e amigos.

Convido você, prezado leitor, leitora, a pensar e observar profundamente os acontecimentos de sua própria vida diária, à medida que for lendo, analisando, ponderando e contemplando o conteúdo de minha narrativa e de meu diálogo com D. Elizabeth sobre sua vida e sobre os primeiros anos do Dr. Erickson no Arizona.

Esse diálogo, assim como o testemunho de alguns de seus filhos e amigos, nos mostram um vívido padrão de *colaboração mútua* entre ela e seu marido, que se configura claramente, à medida que os filhos confirmam a importância de D. Elizabeth em suas próprias vidas e na de seu pai.

A IMPORTÂNCIA DA IMAGINAÇÃO

A hipnose não é um procedimento místico, é mais uma utilização sistemática dos aprendizados vividos e experienciados – isto é, aqueles aprendizados abrangentes, adquiridos através do processo mesmo do viver.

MILTON H. ERICKSON

Além da capacitação rigorosa e específica a que devemos nos submeter como clínicos, psicoterapeutas, hipnoterapeutas, responsáveis por terapias breves, de casais e de família que utilizam as abordagens naturais propostas pelo psiquiatra Milton H. Erickson e seus seguidores, eu convido você, leitor, leitora, para que expanda sua própria visão e sua imaginação incluindo nelas a *fenomenologia* da vida cotidiana do Dr. Erickson e sua mulher.

Explicitando: o convite é para *imaginar* de que maneira os acontecimentos do dia-a-dia de Dr. Erickson e sua mulher, como hipnotistas, pesquisadores, escritores, pais e parceiros durante aproximadamente 16 mil dias juntos, podem ter influído nos resultados das atuais práticas de hipnose e de psicoterapia. Pelo que se constata na literatura sobre Erickson, é evidente seu modo de incluir sua família - até mesmo os cachorros - nos muitos exemplos concretos de intervenções e nas histórias e casos terapêuticos que contava.

D. Elizabeth estimulou imensamente o desenvolvimento da *imaginação* em seus filhos, como irei descrever posteriormente. Um de seus autores favoritos, L. Frank Baum, que escreveu a série *O Mágico de Oz* e numerosos outros livros infantis, preconizava fomentar o poder da imaginação nas crianças, como força criativa e transformadora em suas vidas. A imaginação é o caminho para a liberdade de pensamento e a liberdade de ser. O ato de *imaginar* pode curar o indivíduo, o casal, a comunidade e, igualmente, curar a alma do mundo.

Propus, no começo deste trabalho, que a mais perfeita oportunidade dada a um casal de experienciar *a iluminação* ocorre ao se dar propósito e significado a cada dia que passem juntos. "Esclarecer, iluminar", nos diz o dicionário, "consiste em informar, instruir, possibilitar ver ou compreender a verdade, libertar da ignorância, do preconceito ou da superstição".[1]

Pelas próprias circunstâncias em que convivem no dia-a-dia, é dada a cada um dos cônjuges a oportunidade *quintessencial* de crescer um com o outro, na medida em que percorrem, juntos, o ciclo de vida. *Quintessencial* significa "estar em" ou encontrar a "quinta essência", a "essência concentrada ou a substância última" de algo, como a "mais perfeita manifestação ou expressão de uma qualidade ou coisa[2]", em suma: a mais perfeita oportunidade de dar propósito e significado a cada um dos dias que passem juntos. Não estou dizendo, contudo, que essa busca seja fácil ou realizada sem sacrifícios ou concessões mútuas e significativas, por parte de cada parceiro.

1. *Webster's New Universal Unabridged Dictionary.*
2. *Id.*

A sugestão dada por Erickson, já no final de sua vida, aos recém-casados Carol e Stephen Lankton: "Deixem atrás de vocês um rastro de felicidade... e antecipem com alegria aqueles dias em que poderão olhar para trás[3]" indica ao então casal que eles estariam prestes a iniciar uma viagem, uma jornada *consciente*. Ou que, pelo menos, *deveria* estar começando uma viagem consciente.

Os Lankton relatam que aquela sugestão do mestre para que *deixassem um rastro de felicidade* foi dada quando Erickson realizava uma "cerimônia de casamento" para o jovem casal. Outra importante advertência que deu aos recém-casados, apoiado em sua própria experiência de vivenciar a verdade cotidiana junto com sua mulher Elizabeth, é expressa nas seguintes palavras: "Não renunciem a nenhuma de suas falhas. Vocês vão precisar delas para entender as de seu cônjuge". Uma indução poderosa. E um *saber* poderoso...

O esforço realizado dia-a-dia para ir deixando um *rastro de felicidade não é tarefa fácil*. Milton H. Erickson conseguiu levar essa missão a cabo, graças à ajuda indiscutível de sua companheira extraordinária. O que pude inferir, tanto de sua grande produção intelectual e científica, como de sua vida familiar, que corria tranqüila e bem sucedida, foi que ambos realizaram a travessia da vida conjugal *conscientemente*. Ou, pelo menos, que a realizaram com *intenção* e *propósito*, atribuindo a essa jornada o máximo de significado que lhes foi humanamente possível.

---

3. Ver: Stephen LANKTON, Carol LANKTON, *The answer within*.

A filha Betty Alice fala do "profundo respeito" de seu pai "pela capacidade que existe nas sementes já plantadas de germinarem e brotarem rapidamente". Essa analogia remete à sinergia robusta desse casamento. Erickson cresceu numa fazenda, em contato íntimo com a terra, com o telúrico. D. Elizabeth passou mais de dois terços de sua vida de casada desempenhando tarefas análogas às da vida rural, essa vida em contato com a terra e com o solo. Exemplos concretos seriam a fecundação, a gestação, o dar à luz, o amamentar, o criar, educar e cuidar dos filhos. O que resultou desse matrimônio de 16 mil dias foi incomum.

Continuando a cadeia associativa entre as funções da terra e das sementes e o bem sucedido sinergismo na vida conjugal dos Erickson, peço a Betty Alice que me empreste a analogia que fez em outro momento e cito sua metáfora: ... "Não é necessário saber como a semente interagiu com o solo, com a água, com o fertilizante e com o sol, para poder apreciar e utilizar os resultados. Nem todas as sementes 'vingam' ou chegam à maturidade - o lavrador sensato sabe disso. Assim mesmo, ele continua semeando e, muitas vezes, esse mesmo lavrador fica *agradavelmente surpreendido pela fertilidade da terra e se alegra com os frutos da semeadura.* Confia que o sol nascerá, que alguma chuva vai cair e que a safra será rica[4]".

A jornada psicológica de um casal em direção à plenitude, *à individuação*, como seres separados enquanto indivíduos e juntos enquanto casal, compõe-se de várias etapas evolutivas, que replicam as etapas vivenciadas por uma criança ao descobrir

4. Betty Alice ERICKSON, In: Jeffrey K. ZEIG, Stephen R. LANKTON, *Developing ericksonian therapy*, p.465-476.

o mundo e se envolver num *caso de amor* com ele.[5] Assim, a oportunidade de ter um caso de amor com o mundo e ter um caso de amor mútuo emerge novamente no casamento ou na união duradoura, à medida que o casal evolui psicologicamente na direção da individuação e da própria plenitude.

A partir de dois indivíduos antes separados e que decidem começar uma vida juntos, o casal progride e evolui através de várias etapas de desenvolvimento psicológico, nem sempre simultaneamente. Ellyn Bader e Peter Pearson (1988) denominam a primeira dessas fases de *etapa do vínculo exclusivo* ou simbiose (como Margaret Mahler a denominou, ao falar da união entre o bebê e a mãe). Essa etapa caracteriza-se por ser um estágio romântico, ou lua-de-mel, necessário ao preparo de bases firmes para a longa jornada que está para se iniciar.

Como você, leitor, leitora, pode constatar no comentário sobre a foto da lua-de-mel dos Erickson (Terceira Parte, Ensaio Fotográfico), o jovem Milton levou de carro sua noiva, de Detroit, Michigan até à fazenda de seus pais em Wisconsin, onde toda a família se reuniu: os pais de Erickson, Clara e Albert (que estiveram casados por 73 anos), sete irmãs, um irmão, e suas famílias, alem de Elizabeth, Milton e os três filhos deste: Bert, Lance e Carol.

---

5. Ver: Ellyn BADER, Peter PEARSON, *In quest of the mythical mate*. Os psicólogos Ellyn Bader e Peter Pearson, fundadores do *The Couples Institute* de Menlo Park, Califórnia, demonstraram habilidosamente como a "jornada do casal rumo à sua evolução" psicológica, seja num matrimônio legal ou numa união de longa duração, é semelhante ao nascimento psicológico do bebê. Seus conceitos, fundamentados em observação clínica, foram adaptados dos estudos e pesquisas pioneiras de Margaret Mahler e seus colegas, publicados no livro *The psychological birth of the human infant*. New York: Basic Books, 1975.

Os recém-casados deixaram as crianças aos cuidados dos avós na fazenda e foram explorar a região norte de Wisconsin, viajando por toda a península superior do estado de Michigan.[6] Neste momento, proponho que você, leitor, leitora, faça um exercício de imaginação e descoberta: busque um Atlas e descubra, através de sua imaginação, todas as possíveis maravilhas da viagem por esta região - a península é lindíssima. "Quando eles regressaram" diz Bert, o filho mais velho de Erickson, "ganhamos uma mãe".

Desse *vínculo exclusivo*, dessa simbiose, em que os recém-casados vivenciam uma fusão profunda, uma "unicidade" que acreditam durar para sempre, o casal avança em direção a uma segunda etapa, a da *diferenciação.* Posteriormente, os dois se dirigem a uma terceira fase, a da *exploração* ou *prática.* Esses dois estágios de evolução psicológica podem provocar grande ansiedade no casal, se um parceiro passa ou progride mais rapidamente pela etapa. Explicitando, a ansiedade é gerada se um deles sai mais rapidamente daquele "nós dois" do vínculo exclusivo ou simbiose inicial, para o "eu, indivíduo" da fase pré-acoplamento. As duas últimas etapas mencionadas, que são níveis diferentes de *diferenciação,* são análogas às da "idade do não" da criança que está aprendendo a andar, a se tornar independente e individualizar-se, aos dois ou três anos.

Uma quarta etapa, que Bader e Pearson denominam *reaproximação* (*rapprochement*) tem lugar quando o casal já atravessou e venceu os impasses dolorosos e os períodos difíceis de crescimento anteriores. A última etapa, aquela chamada por

---

6. Comunicação pessoal, D. Elizabeth M. Erickson, agosto de 2002.

eles de etapa da *sinergia*, caracteriza-se pelo fluir da independência e a interdependência psicológicas dentro do casal, cada um deles beneficiando-se da vitalidade emanada da *sinergia*, onde o "Nós dois" tem uma energia única e própria.[7]

Como diz o poeta Kahlil Gibran sobre o casamento: "Cantem e dancem juntos e sejam felizes, mas deixem que cada um seja só, como as cordas de um alaúde são sós... ainda que vibrem com a mesma música".[8] A relação conjugal intencional, significativa e com propósito implica percepção conscientes e cuidado, presença e atenção a cada dia vivido juntos *e* separados, como co-criadores com a natureza e a sociedade.

Entremeado ao *imaginar* tudo o que adveio dessa rica vida a dois, cheia de sinergia, está o convite para que observem como a forma pela qual D. Elizabeth criou e manteve, dia após dia e intencionalmente, as condições para que seu marido realizasse seu trabalho clínico, de pesquisa e de ensino terminou por resultar na criação e na expansão de um relevante movimento psicoterapêutico. Movimento que em 2003, vinte e três anos depois da morte de Milton H. Erickson, já alcançou proporções e importância universais.

Durante décadas, D. Elizabeth *abriu as portas de sua casa, recebeu e deu as boas-vindas* a *todos* os alunos do Dr. Erickson que, em menor ou maior grau, posteriormente contribuíram

---

7. Conceitos e etapas adaptados do trabalho de Ellyn BADER, Peter PEARSON e Peter KHRON em *Stepping stones to intimacy*: a positive outlook on the challenges all couples face. Folheto destinado à psico-educação de casais, sintetizado do livro de Ellyn BADER e Peter PEARSON, *In quest of the mythical mate*.
8. Kahlil GIBRAN, "On Marriage", in: *The prophet*.

significativamente para estabelecer as bases e expandir o que hoje é conhecido como Psicoterapia Ericksoniana: Jay Haley, John Weakland, Kay Thompson, Ernest Rossi, Sidney Rosen, Herbert Lustig, Jeffrey Zeig, Stephen Gilligan, Stephen Lankton, Carol Lankton, Carl Hammerschlag, Michelle Ritterman, para mencionar apenas alguns dos seguidores e difusores. Estabeleceram bases sólidas que vêm se expandindo e crescendo desde a morte do mestre em 1980.

Da mesma forma calorosa com que recebia os estudantes e discípulos, D. Elizabeth recebia também os respeitados pares de seu marido, como Margaret Mead, Gregory Bateson, Aldous Huxley, Leslie LeCron, Linn Cooper, participando ativamente do relacionamento e dos trabalhos com eles. Mencionei apenas alguns dos tantos pensadores líderes, intelectuais e cientistas que foram parte do fértil período do pós-guerra, a partir de 1945.

O livro *The Letters of Milton H. Erickson,* citado na bibliografia, permite um estudo mais profundo da correspondência de Erickson com esses e muitos outros de seus contemporâneos brilhantes que buscaram ativamente seus conhecimentos, pesquisas e sabedoria. Na literatura sobre Erickson, encontramos alguns outros desses pensadores e clínicos, como Stanley Milgram, Ernest Hilgard, Seymor Herschman, David Aston, William Kroeger e Irving Secter, com quem Erickson fundou a *American Society of Clinical Hypnosis* em 1957. Estes foram anos de intensa produtividade intelectual para ambos, Milton Erickson e sua mulher Elizabeth.

Mundialmente, a existência concreta de mais de 100 Institutos, Centros e Sociedades Milton H. Erickson, uma terça parte em nosso próprio solo latino-americano, nos remete aos fundamentos dessas realizações. A meu ver, trabalho de base que teve início, há mais de sessenta anos, com o casamento e parceria profissional dos jovens Milton e Elizabeth, com pleno êxito em ambas as áreas.

Como já mencionei, muitos estudiosos do trabalho de Erickson contribuíram para a expansão prodigiosa de seu pensamento e abordagem. Assinalo aqui a relevância dos estudos pioneiros realizados pelos pesquisadores Jay Haley e Ernest Rossi, que fizeram as primeiras gravações das intervenções clínicas do Dr. Erickson e escreveram sobre sua epistemologia. Haley e Rossi também coletaram em detalhe, selecionaram e organizaram esmeradamente as demonstrações de transe e os casos clínicos do médico hipnotista. Finalmente, contribuíram para que a obra seminal do mestre fosse publicada e disseminada[9].

Através das décadas de seu trabalho em conjunto com o marido, Dona Elizabeth esteve presente a quase todas essas sessões de instrução e gravação. *Não é necessário saber como a semente interagiu com o solo, a água... e o sol... para poder apreciar os resultados.*

Desejo mencionar aqui, de maneira muito especial, o trabalho e obra de Jeffrey K. Zeig, que vem incansavelmente continuando a missão de levar o pensamento e os métodos do

9. Por favor, consulte a bibliografia ao final deste livro. Os trabalhos de Haley, Rossi e de Zeig, em especial, contêm descrições extensas da abordagem de Milton H. Erickson.

Dr. Erickson aos quatro cantos do mundo. Em 1980, o Dr. Zeig foi o organizador e um dos fundadores da Fundação Milton H. Erickson, em Phoenix, Arizona, juntamente com Erickson, D. Elizabeth e Sherron Peters. Desde aquela data, Jeffrey Zeig é Presidente do Conselho de Diretores e Diretor da mesma Fundação.

A Fundação, desde sua origem, vem promovendo encontros profissionais, como as conferências qüinqüenais sobre evolução da psicoterapia (*The Evolution of Psychotherapy Conference*), ou os congressos trienais sobre psicoterapia ericksoniana (*Ericksonian Congress*), além de conferências anuais sobre terapia breve (*The Brief Therapy Conference*) e o encontro também anual sobre Terapia de Casais (*The Couples Conference*). Essas conferências e congressos, em particular a *The Evolution of Psychotherapy* e os *Ericksonian Congress,* congregam mestres e conferencistas da mais alta excelência, de todas as partes do mundo, os que mais têm influenciado e moldado os rumos da psiquiatria, da psicologia, da hipnose e da psicoterapia na segunda metade do século XX.

Menciono, a seguir, alguns dos grandes pensadores e clínicos que, ao longo dos anos, participaram dessas reuniões (algumas, com mais de sete mil participantes!) e que partilharam seus conhecimentos com os milhares de participantes internacionais, engendrando, assim, um *efeito multiplicador* incalculável: Viktor Frankl, Rollo May, Carl Rogers, Murray Bowen, Carl Whitaker, R.D. Laing, Virginia Satir, Thomas Szasz, Albert Ellis, Aaron Beck, Zerka Moreno, William Glasser, James Masterson, Jay Haley, James Hillman, Alexander Lowen, Bruno Bettelheim, Salvador Minuchin e Cloe Madanes.

Leitor, leitora, proponho-lhe agora um vôo de *imaginação*: você consegue imaginar como esse crescimento e essa expansão do movimento ericksoniano está acontecendo *aqui e agora*, enquanto lê minhas palavras? Pode ver, através dos olhos de sua mente, o que os milhares de profissionais que se consideram ericksonianos, da Sibéria ocidental ao sul do Brasil, passando por todos os países da Europa, e do Hawaii às Filipinas via África do Sul, *aqui, lá e em toda parte*, estão fazendo neste exato momento? Neste *exato momento* em que aplicam as intervenções e os princípios que produzem mudanças, enunciados pelo Dr. Erickson?

Pode agora, neste momento, neste exato momento, *começar* a *expandir* sua atenção consciente, sua *sabedoria consciente*, à medida que você *mergulha* e *se absorve* nesta história que estou contando, como foi importante e relevante ser a companheira de caminho e do cotidiano de Milton H. Erickson, enquanto ele expandia sua própria visão do mundo e suas intervenções clínicas, dia-a-dia, dia após dia, ao longo dos 16 mil dias que passaram juntos?

Falando simplesmente, isso tudo é extraordinário.

MISS MOORE

Na verdade, ninguém vê uma flor... é tão pequenina;
não temos tempo e, para saber ver, leva-se tempo,
do mesmo modo que para ter um amigo requer-se tempo.

GEORGIA O' KEEFE

Bem nascida, bem educada, alegre, inteligente, meiga e curiosa, filha do meio entre dois meninos, Elizabeth Euphemia Moore revela um pouco de sua inquebrantável tenacidade ao falar sobre seu nome. Aos cinco anos de idade, decidiu que, daquele momento em diante, só deveria ser chamada pelo nome próprio "Elizabeth" e não pelo apelido "Totty", como a família e os amigos costumavam chamá-la até então. D. Elizabeth enfatiza: - "Não respondia nem mesmo à minha mãe, quando ela me chamava de Totty".

Euphemios, do grego "aquele que fala bem", é um tributo adequado e que se encaixa bem no caráter e modo de pensar de D. Elizabeth. Ela mesma me conta que seu segundo "nome, que quer dizer *falar harmoniosamente*, remonta a várias gerações pelo lado escocês dos ancestrais de minha mãe". Elabora: "A primeira Euphemia da qual temos conhecimento era filha do dono de um moinho e alvo da paixão do filho mais novo do Duque de Argyle, na Escócia".

"Os pais dele, o duque e a duquesa, naturalmente queriam que seu filho se casasse com alguém de uma posição social mais elevada. Contudo, o jovem conseguiu chegar a um acordo com os pais, pelo qual seu fiel cavalo revelaria e decidiria seu destino.

Para isso, deixariam que o cavalo andasse sem as rédeas e, se ele, por si mesmo, marchando sozinho, fosse diretamente ao moinho onde estava sua amada, era o sinal de sim dos céus: ele deveria se casar com ela. Naturalmente, o rapaz sabia que seu cavalo iria se lembrar da mão-cheia de aveia que costumavam dar a ele no moinho. O cavalo, sem titubear, foi pelo caminho 'predestinado'. Dessa forma, os pais do jovem concordaram com o casamento com Euphemia e lhes deram suas bênçãos. E assim nasceu o costume, seguido pelas gerações seguintes, de se dar às primogênitas, alternadamente, ou o nome Euphemia ou o nome Lillie".

Os filhos de D. Elizabeth admiram esse talento de "falar harmoniosamente" e de responder sempre de maneira positiva às situações da vida cotidiana, por mais inusitadas que sejam. Por exemplo, Bert contou-me sobre uma ocasião, na época mais quente do verão, em que o ar condicionado não estava funcionando e todos da casa estavam sentindo muito calor e se queixando. Sua mãe, ao contrário, permanecia calma, tranqüila, "de cabeça fria", otimista, mostrando delicadamente aos filhos que, por causa do calor, "a manteiga iria ficar mais pastosa e assim seria mais fácil passá-la no pão...". Bert também se lembra das ocasiões de chuvas torrenciais, por três ou quatro dias, em que se estragavam todas as oportunidades para os meninos irem brincar lá fora. Sua mãe comentava então: - "E isso não é ótimo para as flores?" Ou mesmo quando as crianças não gostavam de alguma pessoa ou tinham medo dela, D. Elizabeth lhes dizia: - "Achei que ela tem uma carinha alegre...".

Betty Alice acrescenta que "foi muito importante", na educação de todos eles, os filhos do casal Erickson, "o talento de Mamãe para sempre se alegrar com as mínimas coisas, raramente falando mal de qualquer pessoa ou de qualquer coisa". Em uma ocasião, por exemplo, ela enviou de presente à mãe um vaso de pimentinhas tailandesas, muito picantes, "só para testar se ela iria se queixar que ardiam demais... Mamãe escreveu de volta dizendo que as pimentinhas eram do verde mais lindo que já havia visto em sua vida...!" A família ficou *deslumbrada* com sua resposta!

Kristina, a mais nova dos oito filhos dos Erickson, é médica e trabalha no pronto-atendimento de um grande hospital. Conta que sempre gosta muito quando seus três filhos adolescentes passam uns dias com a avó. Eles voltam para casa apreciando os menores detalhes de tudo: os reflexos maravilhosos e a luminosidade do sol no deserto de Sonora, as flores, as refeições saborosas que estão comendo e até mesmo notam os diferentes matizes do pôr-do-sol.

Kristina me contou também como suas experiências e vivências na casa paterna, com os pais e os irmãos, ajudaram-na imensamente em seu trabalho de atendimento médico no pronto socorro. Seu relacionamento médico-paciente vai muito além daquele mínimo necessário que os protocolos estipulam. Por exemplo, sua capacidade refinada de observação, proveniente dos conselhos insistentes do pai "*Observe, observe, observe*", auxiliam-na na avaliação da singularidade de cada paciente: a reação de cada um à doença e o modo pelo qual irá se recuperar.

Enquanto conversávamos, Kristina lembrou-se de um paciente, apicultor, que lhe contou detalhadamente como sabia que *cada abelha* tem uma personalidade diferente e de que maneira realiza suas tarefas. Nesse preciso momento, a médica teve certeza de que seu paciente se recuperaria rapidamente, porque se lembrou de uma das sugestões de seu pai a um paciente, para que fosse ao gramado no parque e *observasse* como cada folhinha da grama tinha um matiz diferente da outra. Kristina então tranqüilizou seu paciente, assegurando-o da sabedoria de sua mente inconsciente para levá-lo à recuperação.[1]

Elizabeth Euphemia Moore manifestou, desde a mais tenra idade, um amor especial por circos. Seu pai, um advogado em Detroit, Michigan, era membro dos *Shriners*, uma fraternidade internacional de beneficência, cuja missão filantrópica oficial era a de subsidiar serviços e equipamentos hospitalares que atendiam crianças portadoras de deficiências físicas ou com necessidades especiais. Todos os anos, seu pai e os colegas do *Shriners* patrocinavam espetáculos de circo na cidade para arrecadar fundos. Que ótima maneira de proporcionar alegria às crianças e suas famílias!

Dona Elizabeth lembra-se vividamente de sua experiência desfilando nos denominados "specs" - o espetáculo de entrada na grande arena, uma gigantesca parada com todos os artistas do circo, autoridades locais e alguns convidados especiais e me fala também de como esses momentos deixaram uma marca

1. Importante lembrar aqui o quanto Milton Erickson e Aldous Huxley valorizavam e enfatizavam a individualidade, a singularidade de cada pessoa, de cada ser vivente. Ambos acreditavam que essa condição de ser *único, singular, indivisível* era essencial à liberdade.

indelével em seu coração. Aos 16 anos desfilou pela primeira vez, fantasiada de Gata Borralheira em sua carruagem mágica, juntamente com todo o elenco do *The Ringling Brothers Barnum & Bailey Circus*, "o máximo".

E, ainda hoje, mais de setenta anos depois, ela entra num verdadeiro *transe hipnótico* ao explicar-me os detalhes de sua "carruagem de abóbora levada por pôneis Shetland e conduzida por cocheiros anões e um séquito de lacaios". Observe agora a fotografia em que está "Pronta para montar o elefante", tirada no ano seguinte. Ali está ela, aos 17 anos, participando pela segunda vez do grandioso desfile. Desta vez, Miss Moore está vestida com um traje requintado, com um toucado elaborado feito de plumas de avestruz e com um leque igualmente primoroso.

Elizabeth Erickson é membro da organização *Circus Fans Association of America* há várias décadas, tendo já escrito artigos para o jornal da associação, o *The White Tops*. Fundada em 1926, *The Circus Fan Association* é uma organização internacional com milhares de membros, no país e fora dele. Publica esse jornal bimestral, *The White Tops*, e promove uma convenção, a cada ano numa cidade diferente do país, fazendo coincidi-la com o *show* de abertura de algum circo famoso. Existem associações semelhantes no mundo todo, como a *The Circus Fans of Australiasia*, cujo lema é: "Por amor ao Circo – passado, presente e futuro".

D. Elizabeth continua freqüentando até hoje, assiduamente, os *shows* circenses todas as vezes que tem oportunidade!

O termo "circo", para descrever um círculo completo e abrangente, com sua arena, vem do grego *kirkos* para círculo. Desde as épocas grega e romana, o circo tem sido uma representação simbólica e exagerada das *exceções* à vida cotidiana, em muitos níveis. Criaturas humanas, exóticas e grotescas, animais exóticos que vêm de terras distantes, acrobatas, malabaristas, palhaços tragicômicos, bandas de música, cachorrinhos de circo, personagens fantásticos, um arco-íris de cores e de sons, e muito mais, todos juntos, numa explosão de alegria e êxtase.

Essa faceta da personalidade de Elizabeth Erickson - preservar e alimentar, ao longo de sua longa vida, seus interesses de infância, como o circo e os contos de fada - despertou minha curiosidade e atenção. Existe nela uma capacidade infinita de *maravilhar-se* com a vida e todas as suas criaturas.

Das muitas qualidades que exemplificam sua maneira de ser como pessoa e como profissional, uma delas foi a de saber integrar sua faculdade da *imaginação* e os *pequenos prazeres* da vida aos interesses da vida como um todo, como descrevi acima. Uma outra qualidade, importante ao longo de sua vida com Milton H. Erickson, foi a de saber ajustar-se às necessidades e circunstâncias do momento, como irei descrever nos capítulos seguintes.

Não obstante, ainda não se reconheceu plenamente, na literatura sobre Erickson, com o *devido peso e impacto*, a importância profissional de D. Elizabeth, sempre colaborando integralmente com o marido, enquanto exercia cotidianamente sua criatividade em todas as dimensões, educando os oito filhos do casal. Por esses fatores todos, senti a necessidade de ir mais além e de descobrir e conhecer mais sobre ela.

Em 1997, entrevistei-a e fizemos um vídeo com Elizabeth Erickson em sua casa em Phoenix, quando nos preparávamos para o *Primeiro Congresso Brasileiro Sobre Hipnose Clássica e Ericksoniana*, patrocinado pelo Instituto Milton H. Erickson de São Paulo, a ter lugar em Serra Negra, São Paulo. Nós, os diretores fundadores do Instituto Milton H. Erickson de Sao Paulo e organizadores desse congresso, a havíamos convidado para ser *Patronesse de Honra* deste encontro tão importante na história contemporânea da hipnose no Brasil. Lisa Lawrence, colega videógrafa, filmou minha entrevista com D. Elizabeth, assim como seu discurso de abertura aos participantes do Congresso.

Betty Alice, que apresentou trabalhos nesse encontro, comentou comigo, nessa ocasião, a profunda emoção que sentiu ao ver e escutar as palavras de sua mãe na inauguração desse Congresso extraordinário, que acontecia numa cidadezinha bem no coração do Brasil:

> *É para mim uma grande honra e privilégio inaugurar oficialmente o Primeiro Congresso Brasileiro de Hipnose Clássica e Ericksoniana e dar-lhes as saudações e as boas-vindas. Tenho a certeza de que, se o Dr. Erickson estivesse aqui conosco, estaria extremamente orgulhoso e gratificado por presenciar esta grande reunião de profissionais, discutindo, trocando idéias e refletindo sobre a hipnose, para entendê-la e utilizá-la na terapia e na pesquisa.*

Dirijo-me aos senhores aqui do consultório do Dr. Erickson. Apesar do fato de ele ter falecido há dezessete anos atrás, em 1980, conservei o consultório tal como ele o usava na época, atendendo pacientes, ou tomando notas, mantendo sua documentação, lendo seus livros e sua correspondência, conferenciando com seus colegas. Mantive tudo isso intacto porque, até hoje, seus colegas, nossos amigos e muitos estudantes freqüentemente vêm de visita e sempre querem conhecer o consultório. Mantive também a biblioteca tal como estava, com os muitos livros escritos por seus colegas, muitos dos quais dedicados pessoalmente a ele por esses autores.

Acredito que, se o Dr. Erickson estivesse hoje aqui conosco, nos diria que a hipnose pode ser de grande utilidade e benefício na psicoterapia e nas profissões de saúde e que sempre deve ser utilizada de maneira científica e razoável. A hipnose supõe recursos que podem facilitar e intensificar tanto a pesquisa científica como o tratamento clínico. A esperança do Dr. Erickson, para o futuro da hipnose, era a de que fosse compreendida e utilizada adequadamente e que o mundo científico e profissional se tornasse ciente de seu valor nos campos da promoção da saúde física e da saúde mental.

E agora quero agradecer a todos por continuar o trabalho de meu marido, da maneira que, tenho certeza, ele teria apreciado muito. Tenho certeza também de que os trabalhos que estarão apresentando nestes três dias serão estimulantes, interessantes e de muito valor para o futuro da hipnose.

No que se refere a este importante momento da história contemporânea da hipnose no Brasil, quero honrar e reconhecer aqui os esforços hercúleos do então Diretor do Instituto Milton H. Erickson de São Paulo, o psicólogo José Carlos Vitor Gomes e de sua mulher Cidinha Lovo, que faleceu pouco após o Congresso. Arcando com todas as responsabilidades, os dois organizaram este encontro histórico, onde se congregaram os grandes pioneiros da hipnose clássica no Brasil, muitos deles contemporâneos de Milton Erickson. Foram homenageados, entre outros, os doutores Antônio Carlos de Moraes Passos, David Akstein, Vladimir Bernick, Malomar Lund Edelweiss, Negrão Prado, Myron Saling, Victorio Velloso e Lindemberg Valadares.

Entre os atuais disseminadores da hipnose e psicoterapia ericksonianas encontravam-se: Jeffrey Zeig, diretor da Fundação Milton H. Erickson; o psicólogo Bradford Keeney; os pioneiros mexicanos Jorge Abia e Teresa Robles; uma das fundadoras da Psicologia como disciplina acadêmica independente no Brasil, a pioneira e ericksoniana Maria Margarida de Carvalho, nessa época Diretora Executiva do Instituto Milton H. Erickson de São Paulo. Além desses, também apresentando trabalhos, estavam vários diretores de Institutos Ericksonianos no Brasil, também pioneiros: Ricardo Feix, Angela Cota Guimarães Mendonça, José Augusto Mendonça, Márcia Alencar, Sofia Bauer e esta autora.

No dia em que filmamos e gravamos a mensagem de Elizabeth Erickson, sua conversa comigo enfocou principalmente o trabalho de seu marido. O consultório, localizado na casa de hóspedes, num anexo adjacente à casa principal, contém sua biblioteca, sua coleção de objetos de madeira de pau-ferro esculpidas pelos índios Seri do deserto de Sonora e muitos outros de seus objetos de estimação, de procedências várias. Entremeadas a esse tema, D. Elizabeth me deu, gentilmente, informações sobre si mesma, percebendo talvez meu entusiasmo e motivação, assim como meu forte interesse em saber mais sobre ela.

Como é de costume em sua geração e por temperamento e desejo próprio, D. Elizabeth permaneceu sempre em segundo plano. No entanto, ao longo desses anos todos em que venho estudando o trabalho do gênio Milton H. Erickson, muitas pistas nada "mínimas" me conduziram à *total certeza* sobre seu gênio e talento pragmáticos, dons seus. Há um fato tangível: ela deu contribuições profissionais relevantes, ao mesmo tempo em que cuidava da casa e educava e cuidava dos oito filhos. Mais admiravelmente, levou adiante todos esses projetos, enquanto cuidava também de seu marido, durante seus longos episódios de enfermidade grave. Tudo isso demonstra indiscutivelmente que existe algo de *excepcional* em Elizabeth Moore Erickson.

Um desses graves episódios de doença ocorreu em 1948 e precipitou a decisão da família de mudar para o Arizona. Uma outra vez, em 1953, o Dr. Erickson teve uma segunda crise, muitíssimo grave, diagnosticada então como poliomielite. Não obstante, apesar de crises repetidas com outros males, como reação forte à vacina de tétano, alergias e episódios graves do que hoje em dia é chamado na medicina de síndrome do pós-poliomielite, Milton H. Erickson reagia aos desafios e sempre regressava a uma vida ativa e produtiva.

D. Elizabeth conta: - "Durante o resto de sua vida, Milton teve, sem dúvida nenhuma, outros episódios de enfermidade semelhantes aos já descritos. Contudo, depois de cada crise, conseguia retomar seu trabalho, viajar extensivamente, escrever artigos e trabalhos, fazer pesquisas e continuar ativo em várias organizações, assim como nos trabalhos de redação. Mas a verdade é que, a cada vez que tinha uma crise, perdia terreno, fisicamente".[2]

2. Ver: Jefffrey K ZEIG, *Vivenciando Erickson*, p. 38-46. Reimpresso, por permissão, no website da Fundação Erickson: Elizabeth ERICKSON, *About Erickson: his physical struggles*, <www.erickson-foundation.org/health.htm>. Foi originalmente escrito em resposta a perguntas de um estudante que enfrentava desafios colocados por seqüelas de poliomielite.

A DANÇA

Amem-se, um ao outro, mas não façam do amor um dever... deixem que um mar em movimento possa fluir entre as praias de suas almas... cantem e dancem juntos, sejam felizes, mas permitam que cada um possa estar só, como as cordas do alaúde são separadas, ainda que vibrem com a mesma música...

E permaneçam juntos, ainda que não tão juntos, como os pilares do templo permanecem apartados e como o carvalho e o cipreste não crescem à sombra um do outro....

KAHLIL GIBRAN

A hipnoterapeuta ericksoniana Carol Kershaw propõe, em seu pioneiro trabalho *The Couples Hypnotic Dance* que, entre duas pessoas comprometidas com um relacionamento de amor estável e de longo prazo, emergem padrões complexos de interação, análogos a um transe hipnótico.[1] Esses padrões assemelham-se a uma delicada dança, coreografada inconscientemente, que induzem, conduzem e fazem surgir estados positivos (ou negativos) de consciência na díade conjugal.

Um relacionamento que canalize e dirija o potencial infinito das energias criadoras do casal para finalidades positivas e bem sucedidas, não importando os obstáculos e acidentes do percurso, assemelha-se a essa delicada dança coreografada. É como se o casal estivesse totalmente absorto num harmonioso *pas-de-deux*. É assim que vejo Milton Hyland Erickson e

1. Carol KERSHAW, *The couples hypnotic dance.*

Elizabeth Euphemia Moore, que cumpriram muito bem as tarefas multidimensionais que lhes couberam, nos dezesseis mil dias de vida conjunta.

Na seqüência fotográfica incluída na terceira parte deste livro, você poderá, leitor, leitora, *observar* o intenso magnetismo – podemos dizer, uma dança hipnótica – entre o Dr. Erickson e D. Elizabeth. Desde a foto do início da lua-de-mel em 1936 e, ao longo do tempo, nas fotos tiradas durante os *Seminários Sobre Hipnose* realizados nos Estados Unidos e no exterior, bem como nos últimos anos da vida de Erickson, a *intensidade* de que falei está sempre presente. Mesmo nos anos da maturidade, final de sessenta e na década de setenta, quando a saúde física do Dr. Erickson já está claramente em declínio, pode-se ainda *observar* a energia singular que flui entre os dois.

Sobre o assunto, o teólogo e filósofo francês Teillard de Chardin, ao falar do amor e do casamento como *mistério*, nos faz descortinar um horizonte:

> *Algum dia, depois de termos aprendido a dominar as ondas, as correntes do mar e a força da gravidade, ofereceremos a Deus as forças naturais do Amor. E então, pela segunda vez na história da humanidade, teremos descoberto o fogo.*[2]

Nos parágrafos seguintes, D. Elizabeth descreve em detalhe como conheceu seu futuro marido, o período do noivado, o casamento e a encantadora aventura de toda uma vida,

---

2. June SINGER, *Love's energies.*

conseqüência do encontro fortuito entre os dois, num seminário científico na universidade.

Eu era uma jovem universitária, cursando o terceiro ano da Faculdade de Psicologia no Detroit City College, e tinha especial interesse pela Psicologia Acadêmica[3]. *Contudo, ainda não tinha decidido se iria me candidatar ao curso de pós-graduação. Nessa época, como os Estados Unidos ainda estavam se recuperando da Grande Depressão*[4]*, a maioria dos estudantes não sabia, entre um semestre e outro, se suas finanças permitiriam que continuassem os estudos.*

Quando entrei para a Universidade, esta se chamava oficialmente The Colleges of the City of Detroit, *mas o nome mudou para* Wayne University *na época em que me formei, em 1936. Alguns anos mais tarde, passou a chamar-se Wayne State University, nome pelo qual é até hoje conhecida.*

Na primavera de 1934, eu e meu irmão mais velho, estudante de zoologia, participamos do Michigan Academy of Science, *um seminário de três dias que houve na Universidade de Michigan. Uma das razões pelas quais quis assistir ao seminário foi conhecer muitos professores. Sabia que o professor mais importante do curso de Psicologia Acadêmica estava procurando um assistente de laboratório. Em geral, ele preferia contratar um estudante de terceiro*

3. À época, Psicologia Acadêmica era uma área de concentração de estudos específica, que englobava pesquisa científica e experimentação em Psicologia, diferenciando-se de uma outra vertente, destinada à Licenciatura.
4. D. Elizabeth se refere à grande depressão econômica pela qual o país passou, começando em 1929 e durando aproximadamente cinco anos.

ano para que se comprometesse a ficar no laboratório pelos dois anos restantes, pelo menos. Fiz a entrevista de seleção e tive certeza de que seria contratada; e assim foi.

No ano seguinte, 1935, participei outra vez dos seminários. Milton participou também. Ele me viu pela janela do salão quando eu estava entrando no prédio. Imediatamente, perguntou a um estudante de pós-graduação, que também era da Wayne University e que trabalhava no hospital em Eloise, se podia nos apresentar, pois iria se casar comigo! Esse estudante, Lyndon Babcock, era a única pessoa que conhecíamos em comum e nos apresentou. Conversamos um pouquinho e nos sentamos juntos durante o almoço.

Por uma incrível coincidência, mais de trinta anos depois, Betty Alice foi trabalhar como professora numa escola em Addis Ababa, Etiópia, com uma sobrinha de Lyndon Babcock. E, para sua surpresa, Betty Alice ficou sabendo que seu filho David era o melhor amigo do sobrinho neto de Lyndon!

Quando nos conhecemos, Milton era o Diretor de Pesquisa e Ensino em Psiquiatria para o Wayne County Hospital, em Eloise, perto de Detroit. Havia conseguido uma pequena verba para contratar um assistente de pesquisa durante o verão, com uma remuneração bem modesta, mas que incluía alojamento e refeições no Hospital. Mas a verba era tão pequena, que não dava para contratar um assistente da pós-graduação, como queria.

Quando não conseguiu encontrar ninguém com essa qualificação, pediu à sua secretária que me procurasse, pois sabia que eu tinha experiência como assistente de laboratório, mesmo sem ter completado a graduação. A secretária deu muitos telefonemas e finalmente me localizou. Foi ela que começou a me chamar de Betty, pois até então só tinha sido chamada pelo meu nome, Elizabeth. Milton também decidiu que gostava desse apelido e, a partir daí, comecei a ser conhecida como Betty.

Aproveitei a oportunidade de pesquisa e me senti muito feliz por ter emprego durante o verão. Mesmo sabendo que o salário não seria proporcional ao trabalho, também sabia que iria aprender muito. O primeiro experimento que fizemos foi sobre a surdez hipnoticamente induzida. Tratava-se de criar um reflexo condicionado a um determinado som; em seguida, induzia-se a surdez hipnótica e depois os reflexos eram reavaliados.

Dentro em pouco, Milton e eu começamos a sair juntos. Não me lembro exatamente quando foi a primeira vez. Participamos de vários almoços sociais relacionados a encontros científicos. Ao final do verão, ele me disse que havia decidido casar-se comigo, ainda que, até aquele momento, não tivéssemos formalizado o relacionamento. Nós dois concordávamos que eu deveria completar os estudos universitários e as obrigações como assistente de laboratório na Universidade. Durante meu último ano da faculdade, saíamos uma vez por semana, às sextas-feiras, quase sempre para jantar e ir ao cinema e nos falávamos muito por telefone.

Milton apresentou-me a seus filhos, do mesmo jeito que costumava fazer com os membros de sua equipe, pois era seu hábito convidar os colaboradores e colegas para irem a seu apartamento. Era dessa forma que havia integrado sua vida social e profissional; e assim, informalmente, as pessoas eram apresentadas a seus filhos.

Bert, o filho mais velho, chamado Albert Erickson II em homenagem ao avô paterno, lembra-se bem dessas visitas dos colegas. E lembra-se bem de Miss Moore, como costumavam chamá-la, por sua forma amável e receptiva de ser. Contou-me que, numa dessas ocasiões, ele e seu irmão mais novo Lance apareceram na sala, recém saídos do banho, limpinhos, prontos para ir dormir, mas com a parte de trás dos pijamas desabotoadas, mostrando os traseiros! Assim que viu isso, o pai ia abrindo a boca para repreendê-los por aparecerem quase nus na presença dos convidados, quando Bert se dirigiu a ela, mas garantindo a seu pai: - "Tudo bem, Papai, Miss Moore não vai se importar com isso..." Bert e Lance tinham certeza de que ela não ficaria chocada ou ofendida com eles, mas que reagiria de maneira adequada à situação. E assim foi. A jovem Elizabeth Moore "consertou" amorosamente a situação, abotoando as abas de trás dos pijamas...

Voltando à narrativa de D. Elizabeth:

Meus pais não estavam nada felizes com nosso noivado ou nossos planos de casamento. Milton era treze anos mais velho que eu e tinha a guarda total de três filhos pequenos.

Além disso, tinha sido criado na religião luterana, enquanto a minha era a presbiteriana escocesa. Eu tinha só vinte e um anos de idade e o havia conhecido apenas superficialmente. Minha própria mãe tinha adiado casar-se até os vinte e nove anos, para que pudesse continuar a trabalhar como professora de crianças com deficiência de audição.[5] Meus pais queriam que eu esperasse mais tempo, antes de pensar em casamento. Apesar disso, Milton e eu continuamos planejando casar quando eu completasse meus estudos na universidade.

Minha esperança era que minha família concordasse conosco e que, assim, a cerimônia do casamento pudesse ser em casa, como era o costume e como eu queria. Mas, quando já estava perto de minha formatura, percebi que as coisas não iam funcionar como eu planejara. Dessa forma, decidimos que iríamos viajar até uma cidadezinha no norte de Indiana, onde não precisávamos esperar para obter a licença de casamento, como se fazia em Michigan. Por coincidência, o dia de minha formatura, 18 de junho de 1936, era também o aniversário da formatura de Milton na universidade. E também no mesmo dia, meu irmão menor estava recebendo o diploma do segundo grau e meus pais tiveram de dividir-se entre as duas cerimônias.

Como havíamos planejado, depois da cerimônia de formatura, Milton e eu fomos de carro até Indiana. Conseguimos a licença de casamento e imediatamente nos

5. Por muitas décadas, nos Estados Unidos, houve regulamentos estritos, proibindo as professoras primárias de se casarem durante o período de contrato. Muitas aguardaram os trinta anos para poderem se casar e deixar a profissão, como era o requerido.

casamos, com um Juiz de Paz, numa pequena capela para bodas[6]*. Eu estava com um vestido branco bonito, que tinha escolhido para a colação de grau. Paramos numa floricultura e procuramos orquídeas para colocar em meu vestido, como era o costume. Não encontramos nenhuma e escolhemos então umas gardênias, que ainda conservo em meu baú de cedro. Desde então, todos os anos, em nosso aniversário de casamento, Milton mandava-me orquídeas roxas*, minhas orquídeas de casamento.

De Indiana, enviamos um telegrama a meus pais, para prepará-los. Mais tarde, telefonamos a eles. Contudo, não vi meus pais por três dias. Eu já havia selecionado as coisas que queria levar para meu novo lar em Eloise. Efetivamente, umas duas semanas depois de nosso casamento, Milton me ajudou a levar meus pertences para nossa casa.

Naturalmente, meus pais ficaram muito desgostosos. Mas, quando viram que eu estava feliz, foram aceitando mais a ele. Com o tempo, aos poucos, foram percebendo que Milton e eu havíamos sido feitos um para o outro. E depois do nascimento de Betty Alice nos reaproximamos definitivamente.

Na verdade, hoje, quando penso e revejo o passado, meus pais tinham razão em algumas coisas. Eu não estava totalmente preparada para o matrimônio. Durante a maior

6. Essas "capelas" eram locais seculares construídos especialmente para oficiar casamentos, mas que tinham certa semelhança com capelas religiosas, permitindo assim que os noivos experienciassem o momento como uma ocasião ritual.

parte de minha vida com eles, enquanto eu crescia, tivemos empregados domésticos. Nunca tinha tido a responsabilidade total de cozinhar, lavar, limpar ou de cuidar de crianças. Jamais tinha preparado uma refeição completa. Claro que Milton foi muito paciente comigo e me ajudava em tudo, para que as tarefas básicas e necessárias fossem cumpridas. Sempre considerou sua participação nas tarefas básicas domésticas como necessária e parte integral da vida familiar. Ele percebia e pensava que era importante que a família fizesse, todos juntos, os serviços de casa. Nunca mudamos essa postura ao longo de toda a nossa vida em comum. Mesmo quando já estava em seus últimos anos, na cadeira de rodas, ele vinha sentar-se na cozinha, descascando batatas, enquanto o resto da família preparava a comida.

Jamais me arrependi de minha decisão, nem por um dia sequer. E sei que ele também, nunca.

Conheçamos agora o ponto de vista de Bert, aos sete anos, quando D. Elizabeth se uniu à família. Bert comenta: "Ela foi tudo aquilo que havíamos desejado". Recorda que, no começo, sua preocupação era a de que ela pudesse preparar adequadamente suas merendas para a escola, o que era um importante símbolo de status para as crianças em 1936.

Como jovem mãe, sua atitude, a partir desse momento, *definiu o tom de toda uma vida orientada para as soluções criativas cheias de sinergia.* Bert e Lance colocaram os ingredientes básicos de suas lancheiras na frente da nova mãe – pão, manteiga de amendoim e geléia. "A preparação normal consistia em passar a manteiga de amendoim numa fatia do pão e a geléia na outra" - disse Bert.[7]

"Mas mamãe fez muito melhor: *amaciou* a manteiga de amendoim e a *fundiu* com a geléia. Que resultado tão diferente... e como ficou delicioso!" "Agora", pensou ele todo feliz, "eu ia ter uma mãe que, além de não se chocar com minhas travessuras, podia preparar lanches saborosos para eu levar para a escola. Melhor ainda, ela jogava bola muito bem."[8]

A partir de então e, pelos anos afora, como Sra. Milton H. Erickson, D. Elizabeth desabrochou, cresceu e se expandiu como pessoa humana. Como já descrevi, tornou-se também profissional *par excellence*, com múltiplas responsabilidades, atuando como colega de todos os dias e todos os momentos: autora de trabalhos científicos, redatora, revisora, sujeito hipnótico e anfitriã. Isso enquanto *simultaneamente*, durante todos os dias e todos os momentos, era a mãe dos oito filhos do casal.

D. Elizabeth nos relata o que era estar sempre disponível para as investigações científicas do marido e

---

7. Até hoje em dia, esse sanduíche faz parte do padrão básico das lancheiras americanas.
8. Dr. Erickson era um homem atlético e vigoroso, apesar dos problemas físicos. Contudo, por causa do trabalho e de suas condições, era-lhe difícil praticar jogos com as exigências do futebol e do beisebol com seus filhos. Ainda que ocasionalmente jogasse, ajudado por um bastão (como Bert e Lance bem o lembram) foi a nova mãe, Elizabeth, que supriu essa necessidade dos meninos, com muita destreza e talento.

atender simultaneamente às necessidades da família. Por exemplo, sobre as experiências dele com o autocontrole e manejo da dor, ela testemunha que... "eram horas longas e fatigantes quando ele analisava verbalmente todas as suas sensações, músculo a músculo, várias e várias vezes, mas insistindo que alguém, que quase sempre era eu mesma, estivesse ali com ele, totalmente presente, escutando-o absorta e atentamente, não importando o tarde da hora, ou que urgência houvesse com outros deveres..."[9].

Elizabeth M. Erickson escreveu artigos e ensaios sob seu próprio nome e em co-autoria com o marido[10]. Recebeu prêmios por seu trabalho profissional em revistas científicas, entre eles o Prêmio de Honra ao Mérito, outorgado pela *American Society of Clinical Hypnosis* (ASCH) em 1962, por suas funções no *American Journal of Clinical Hypnosis* (AJCH) como assistente editorial, durante mais de uma década, de 1958 a 1969. Ela contou-me que gostava muito de seu trabalho, especialmente a numerosa correspondência que manteve com profissionais estrangeiros, ao longo dos anos.

E continua, por mais de duas décadas, a expandir o legado de seu marido, como membro do Conselho Diretor da Fundação Milton H. Erickson, em Phoenix, Arizona. Em 1989, esse mesmo Conselho agraciou-a com um Prêmio de Honra ao Mérito por suas valiosas contribuições, tanto

9. Elizabeth ERICKSON In: Ernest L. ROSSI (Ed.), *The collected papers of Milton H. Erickson on hypnosis*, Vol. IV, p. 121
10. Ver bibliografia ao final (p. 153-154).

para o campo da psicoterapia como para a missão da Fundação, ao longo de toda uma vida.[11]

A alma do matrimônio... é criada através das pequenas ações, das pequenas palavras e das pequeninas interações cotidianas[12]. A história completa dessa parceria tão bem sucedida será contada no futuro pelos filhos dos Erickson, por seus filhos e pelos filhos de seus filhos. As sementes que estou plantando hoje através deste trabalho emanam de meu ***profundo respeito*** pelo *mistério* do amor e do casamento. Esse respeito se desdobra em admiração pelo relacionamento funcional, produtivo e até mesmo *alquímico* presente no casal Erickson e pela *atmosfera hipnótica* que, à maneira de uma *dança,* os rodeava e que o casal parecia evocar em todas as pessoas que deles se acercavam.

Parte dessa *dança hipnótica*, dentro da família que os Erickson tão cuidadosamente criaram e educaram juntos, certamente consistia na utilização de histórias e contos que eliciassem a *imaginação* e que desenvolvessem a criatividade em seus filhos. D. Elizabeth, que sempre adorou contos de fada, recorda-se das muitas e muitas horas passadas na infância, totalmente absorta nas histórias, cultivando imaginariamente relações próximas com muitos dos personagens principais. De tal forma que chegou até a romper com a tradição familiar de colocar na filha primogênita, como segundo nome, ou Euphemia ou Lillie, batizando a sua primeira filha como

11. Durante o período de elaboração deste livro, ao completar mais um aniversário, aos 87 anos, D. Elizabeth se afastou da posição de membro ativo do Conselho Diretor. Seguirá servindo, contudo, na qualidade de consultora.
12. Thomas MOORE, *Soulmates*, p.53.

Betty Alice. O nome Alice era uma homenagem à sua história favorita, *Alice no País das Maravilhas* de Lewis Carroll.[13]

D. Elizabeth nunca perdeu sua paixão pelos contos de fada e pela fantasia. Contava e lia assiduamente um sem número de histórias para todos os seus filhos. Por exemplo, leu a série completa das histórias da coleção dos *Livros de Oz*, do autor americano L. Frank Baum, enquanto, pela manhã, fazia as tranças nos longos cabelos das filhas Roxanna e Kristina. Estabeleceu assim uma tradição familiar. Cada um dos filhos habituou-se a contar e ler histórias para seus próprios filhos e a maioria deles leu os *Livros de Oz,* várias vezes e na íntegra.

Tanto o inglês Lewis Carroll como o americano L. Frank Baum foram escritores férteis de livros infantis. A série dos *Livros de Oz,* que Baum escreveu a partir de 1900, iniciou-se com *O Maravilhoso Mágico de Oz* e consistiu em catorze livros. Dessa data até sua morte em 1919, Baum escreveu um livro dessa série por ano, além de numerosíssimas outras publicações. A relevância deste autor em minha narrativa deve-se não só a ele ser um dos favoritos da família Erickson, como também à profunda reverência de L. Frank Baum pela *imaginação* e a seu esforço para estimulá-la em crianças e adultos, para que todos a dispusessem a serviço da civilização humana. O paralelo

13. Lewis Carroll foi o pseudônimo do pastor Reverendo Charles Lutdwidge Dodgson, matemático, professor de lógica e conferencista que, por vinte e seis anos, ensinou em Oxford, Inglaterra. É mais conhecido por seus livros *Alice's Adventures in Wonderland* (em português: *As aventuras de Alice no país das maravilhas*), publicado em 1865 e *Through the Looking Glass* (em português: *Através do espelho* ou *Do outro lado do espelho*), em 1872. Escreveu e ilustrou o primeiro, originalmente escrito para a menina Alice Liddell, de dez anos, filha de um amigo de sua igreja.

com os objetivos da hipnose clínica é significativo: a utilização da imaginação *pode* curar o indivíduo. *A imaginação pode curar a humanidade.*

Uma outra forma pela qual os Erickson nutriram e estimularam em seus filhos o amor à leitura, ao mesmo tempo em que inculcavam neles a capacidade de resolução de conflitos, foi uma regra familiar. Por esta regra, caso tivessem brigas ou conflitos entre si, deveriam pegar algum livro de interesse e se alternarem em lê-lo um para o outro, o mais velho inicialmente lendo para o mais novo.[14]

O gosto e o interesse de Erickson por contar histórias, contos e casos complementavam e reforçavam a tradição familiar. Todos e cada um de seus filhos têm gratas lembranças dele contando histórias, particularmente na hora de dormir. As favoritas eram contos originais e espontâneos, com um personagem central: uma pequenina rã, de costas verdes e barriguinha branca... "Sim, e esse era seu nome: Barriguinha Branca (*White Tummy*)!". Essas histórias consistiam em pequenos casos, que tratavam de algum problema ou desafio que se apresentava a alguma das crianças que o estavam escutando. Esses casos eram todos metafóricos, criativos e *feitos sob medida* para a criança em questão.

---

14. Para uma noção mais rica e mais detalhada de como Milton e Elizabeth Erickson criaram e educaram seus filhos para viver produtiva e harmoniosamente em comunidade, ao mesmo tempo conservando, cada um, sua singularidade e individualidade, consulte: Lance ERICKSON et al., , In: Jeffrey K. ZEIG, Stephen R. LANKTON (Eds.), *Developing ericksonian therapy*, cap. 29, p. 493-510.

Essas histórias e contos eram uma das maneiras pelas quais os Erickson ensinavam auto-hipnose a seus filhos. O enfoque, as metáforas neles contidas, as palavras utilizadas e a repetição de certas frases – tudo induzia a um estado de transe. O trabalho sistemático e consistente de D. Elizabeth neste âmbito da vida familiar cotidiana é um exemplo do modo pelo qual sua influência marcante e presença, ainda que quase invisível, inspirou o trabalho de Milton H. Erickson.

Tenho certeza de que, no futuro, serão realizados outros trabalhos destinados a desenvolver mais completamente as idéias propostas nesta homenagem a Elizabeth Moore Erickson. Trabalhos esses que, certamente, atribuirão *a mesma importância e valor* ao seu desempenho impecável no âmbito domiciliar e com os filhos, assegurando e proporcionando sempre um ambiente condizente com as necessidades profissionais e pessoais de seu marido. Sabemos, pela literatura sobre Erickson, por D. Elizabeth, por seus filhos, pelos alunos e pelos colegas do inigualável hipnoterapeuta, que os filhos do casal haviam sido educados para respeitar total e integralmente os pacientes que esperavam pela consulta na sala de estar de sua casa, tornada sala de espera. Aprenderam também, desde pequenos, a executar todas as tarefas domésticas que lhes correspondiam e a colaborar com o pai, facilitando, o mais possível, seu trabalho profissional diário.[15]

15. Fontes: FUNDAÇÃO Milton H. Erickson, Arquivos: vídeo documentário do centenário de Milton H. Erickson (2001); vídeo documentário, Jay Haley e Madeleine Richeport (1993) e comunicação pessoal com Elizabeth Erickson e família.

Bert Erickson concorda plenamente que a relação entre os Erickson era equiparada e que ambos tinham importância equivalente. Diz, no entanto, que sua mãe é a "heroína esquecida". Foi "a *grande mulher atrás de um grande homem*", continua ele, "sempre disposta a escutá-lo, a animá-lo nos projetos, a pessoa que esteve sempre ao lado do meu pai, nos pequenos e grandes momentos". E conclui: "sua devoção faz-me sentir muito orgulho dela e gosto de proclamar isso em voz alta".

Numa carta que escreveu à mãe em novembro de 1983, Bert fala da grande fortaleza de espírito de D. Elizabeth: "Tenho notado que ainda não foi documentado [na literatura sobre Erickson], ou suficientemente mencionado, o papel que a senhora desempenhou em 1948, quando papai estava hospitalizado em Ann Arbor, Michigan, e achávamos que sua vida estava perto do fim. Pelo que posso lembrar, foi somente a senhora e ninguém mais que fez todo o necessário, movendo céus e terra, para que papai pudesse mudar-se para o Arizona e voltar a trabalhar de novo."

"É verdade que os doutores Lewis Lipschitz e John Larson a ajudaram, mas isso foi depois que a senhora tinha tomado todas as providências. Com toda a certeza, a senhora tinha necessidade absoluta de papai para sentir-se bem, mas acredito que minhas irmãs Roxie e Kristi (nascidas depois que a família se estabeleceu em Phoenix) são elas as que mais devem estar agradecidas por sua tenacidade e capacidade". Bert continua: "Agora que o movimento ericksoniano está surgindo com tanta força, não posso deixar de pensar que *tudo isto não existiria* se não fosse sua fortaleza e coragem, presentes quando eram mais necessárias."

Na época a que essa carta se refere, 1948, os dois filhos mais velhos, Bert e Lance, estavam na universidade e D. Elizabeth tinha os quatro menores com ela: Carol de catorze anos, Betty Alice com dez, Allan com oito e Robert, com quatro anos. Sozinha tomou todas as providências necessárias para a mudança completa da família de Michigan ao Arizona. Seu marido Milton estava hospitalizado lutando pela vida.

Segundo Bert, o prognóstico dos médicos era lúgubre: concluíram que seu pai não teria muito mais tempo de vida. Contudo, logo ficou evidente que o Dr. Erickson intimamente planejava sobreviver. Quase trinta anos depois do seu primeiro surto de poliomielite, que o ameaçou de morte, Erickson mais uma vez negou-se a aceitar o veredicto dos médicos que o atendiam. Em agosto de 1919, aos dezessete anos, ao receber o diagnóstico de que contraíra poliomielite e ao ouvir os três médicos informarem a seus pais de que "seu menino já estará morto antes do amanhecer", o jovem Milton sentiu "uma raiva imensa, pelo fato de alguém dizer a uma mãe que perderia seu filho no dia seguinte".

Aquele foi um momento crítico e decisivo na vida de Milton H. Erickson, porque, naquele instante, sentiu que podia decidir pela vida: "Por nada neste mundo eu vou morrer sem ver mais uma vez o pôr do sol". De acordo com o que ele narrou a Rossi[16], mesmo jovem e tão doente, pediu à sua mãe que virasse o espelho do quarto na direção do pôr do sol. Controlando-se como podia e pensando até que ele delirava, ela o atendeu. "Se eu tivesse alguma habilidade de

---

16. Ernest ROSSI et al. (Eds.), *Healing in hypnosis*, p. 10.

desenho, eu poderia desenhar aquele pôr do sol. Vi aquele pôr do sol imenso, tomando conta do céu todo... Mas tenho noção de que também havia uma árvore no terreno, visível da janela, mas a bloqueei completamente".

Ao entrevistá-lo muitos anos depois, Rossi pediu que Erickson confirmasse se a raiva, a insistência em ver aquele pôr do sol e a experiência da *percepção seletiva* do pôr do sol o tinham ajudado a sobreviver. Erickson confirmou tanto a percepção seletiva [de caráter auto-hipnótico, na medida em que alucinou negativamente a árvore], como o sentido que lhe atribuiu de luta pela sobrevivência.

"Bloqueei tudo, exceto aquele pôr do sol. Depois que o acompanhei até o fim, perdi a consciência por três dias...". E conforme disse a Rossi, ao longo da vida, quando seus clientes enfrentavam essas dificuldades, sempre falou com convicção a eles que, *lutando mais um pouco, superariam a adversidade*. Pois Erickson, em vez de morrer, viveu, floresceu e prosperou.

Evidentemente, tomou uma vez mais essa decisão em 1948 e, depois novamente, em 1953, como homem adulto, com uma esposa muito amada e oito filhos. Tendo lido sua entrevista sobre o momento crítico vivido aos 17 anos, posso bem imaginá-lo em 1948, juntando ***todas*** as suas energias para recuperar-se e reunir-se à sua família querida. E conseguiu. Contudo, apesar de ter podido sair do hospital em bom estado para encontrar-se com a família em Phoenix e, com o tempo, recuperar-se dessa grave enfermidade, Erickson continuou propenso a sofrer crises incapacitantes sérias. Seu discípulo Ernest Rossi nos informa: "Acreditava-se [na época] que a etiologia desses problemas fosse a presença de resíduos de poliomielite, possivelmente polioencefalite". Não obstante, na literatura médica mais recente, pensa-se que essas recaídas são seqüelas de poliomielite.[17]

Rossi comenta, em esboço biográfico sobre o mestre e mentor, que Erickson tinha uma capacidade admirável de recuperar-se de enfermidades incapacitantes e de retornar, repetidas vezes, a uma vida sobremaneira produtiva. Sobre as origens étnicas da família, relata:... "Milton tinha grande satisfação em dizer que tinha um pouquinho de sangue *viking* pelo lado do pai e um pouquinho de sangue indígena americano, por parte da mãe. Foi assim que integrou uma identidade satisfatória. Sentia que essas *origens* lhe davam uma ligação profunda, de raiz, com o *homem natural*, e com sua força e resistência para enfrentar a adversidade".[18]

Em 1948, D. Elizabeth deixou seu marido convalescendo no hospital, em Michigan, enquanto fazia os preparativos para que dois jovens médicos residentes do hospital pudessem acompanhá-lo numa viagem de trem até Phoenix, a uma distância de quase três mil quilômetros. Seguiu depois em seu carro, dirigindo por toda uma semana através do país, com os quatro filhos menores, parando para dormir em hotéis pelo caminho.

---

17. Ernest ROSSI et al. (Eds.), *Healing in hypnosis*, p. 10.
18. Id., Ibid., p. 10.

Uma vez estabelecida em Phoenix, a família permaneceu nessa cidade até o fim da vida de Milton Hyland Erickson. Os detalhes dessa mudança (uma *transição*) para o Arizona estão relatados na entrevista de D. Elizabeth, feita por ocasião do centenário de Erickson e na literatura sobre Erickson (Ver a Segunda Parte deste livro e a Bibliografia).[19]

Na época ocorriam mudanças sérias na vida da família: o grave estado de saúde do marido, o afastamento dele do Hospital Psiquiátrico em Eloise, onde havia tido posições importantes e de prestígio por tantos anos e, de significado equivalente, a saída das crianças de seu ambiente natural e da terra onde haviam nascido. Entretanto, estava ainda ocorrendo nesse momento uma outra ***transição significativa*** na vida de D. Elizabeth: sua mãe estava à beira da morte.

Dessa forma, depois de chegar a Phoenix e deixar as crianças e o marido no apartamento designado ao Dr. Erickson nos terrenos do *Arizona State Mental Hospital*, D. Elizabeth teve de completar uma tarefa penosa. Relata: "Tomei um avião de volta a Michigan e fiquei lá uma semana. Contratei uma pequena companhia de mudanças, encaixotei todos nossos pertences e os remeti por ela, por via férrea, para o Arizona. Infelizmente, essa semana também foi a última da vida de minha mãe. Morreu em casa, entrevada, tendo sucumbido ao câncer de mama, após dois ou três anos de doença. Meu pai ainda era vivo e pôde cuidar dela. Pude estar junto a ela em seu leito de morte e no enterro. Sou muito grata ao fato de ter podido vê-la uma vez mais."

---

19. Consulte também o website da Fundação: www.erickson-foundation.org para uma descrição completa dessa transição.

PHOENIX, ARIZONA

O inconsciente pode ser mais sábio do que a mente consciente, e deve ficar livre para desenvolver seus próprios aprendizados sem interferência... mas nem sempre o caminho é uma reta... A mensagem é: - Deixe de preocupações! No fim das contas, tudo sai bem.

ELIZABETH M. ERICKSON

As decisões resolutas, determinadas e bem sucedidas que D. Elizabeth tomou, durante esta *transição transformadora* em sua vida, resultaram em segurança e saúde para todos. A comovente carta de Bert realça este ponto: "Tenho certeza de que *nada disso teria sido possível* [resguardar a saúde do marido e a integridade da família] não fosse por sua coragem e fortaleza, quando mais necessitávamos delas".

As *transições* profundas que tiveram lugar nessa encruzilhada da vida de D. Elizabeth merecem reflexão. A psicologia profunda, a psicologia evolutiva, a mitologia, os contos de fada, as narrativas do folclore, todos eles nos remetem à reflexão sobre os múltiplos significados da *jornada do herói* e de seus ritos de iniciação e à relevância dessas passagens para nossa individuação e crescimento psicológico.[1]

1. O artigo de Betty Alice Erickson, "Storytelling", enfatiza a importância fundamental do 'contar histórias' em psicoterapia e sua utilização terapêutica. Algumas razões: O 'contar histórias' pode eliciar transes que facilitem a comunicação com o inconsciente; o 'contar histórias' engendra novas experiências internas que reconstroem o comportamento; o 'contar histórias' é uma maneira direta de abordar indiretamente um problema ou desafio. Vide: Jeffrey ZEIG, Brent GEARY (Eds.), *The handbook of ericksonian psychotherapy*, p. 112-121.

A segunda metade da vida é uma época de muitos questionamentos, um período de *transição* em que se sai das ilusões da juventude e da adultez jovem e se passa aos desafios e gratificações da maturidade e aos potenciais caminhos saudáveis que construímos para nós mesmos. Dependendo de como *transitarmos por esta passagem*, ou seja, dependendo do modo pelo qual aceitarmos as circunstâncias e obstáculos que nos cercam, existirá o potencial para conduzir bem nosso destino e transcendê-lo.

O autor junguiano James Hollis (1993) define este período de nossa vida como a *Passagem Central* (Middle Passage), uma *travessia* em direção à autenticidade do ser e como... "uma ocasião propícia para redefinir e reorientar a personalidade, um rito de passagem entre a adolescência prolongada em primórdios de adultez e nosso encontro inevitável com a velhice e a mortalidade". Hollis adverte: "...aqueles que fizerem a *travessia* **conscientemente** darão mais significado às suas vidas. Aqueles que não o fizerem permanecerão prisioneiros da infância, não importando quanto sucesso pareçam ter na superfície...."[2]

1948

D. Elizabeth tinha cerca de trinta e três anos em 1948 quando seu marido, aos quarenta e sete, adoeceu gravemente. Certamente pode se definir o que aconteceu ao Dr. Erickson como uma grande crise de meio de caminho, em relação à sua trajetória de vida. Essa enfermidade grave e devastadora, quase mortal, de seu marido

2. James HOLLIS, *The middle passage*, p.7.

e a mudança para Phoenix foram, para Elizabeth, uma *travessia perigosa* que enfrentou. Havia também o apelo dramático para uma ***mudança radical*** em suas vidas: atravessar todo um país, chegando praticamente a outra cultura, outra maneira de viver e outro clima, deixando para trás toda a segurança de trabalho para o marido e toda uma paisagem familiar, conhecida.

Elizabeth havia vivido desde criança em Detroit. O Dr. Erickson era um médico respeitado e bem sucedido da equipe de Psiquiatria, professor na Universidade; era também Diretor de pesquisa psiquiátrica e Diretor Clínico do Eloise Hospital, a ala psiquiátrica do *Wayne County General Hospital and Infirmary*, em Eloise, perto de Detroit. Nesse momento crítico de suas vidas, o casal tinha seis filhos, todos menores de dezoito anos. O futuro era incerto.

A Elizabeth *uma tragédia ameaçava*: o pai de seus filhos estava gravemente enfermo. E enfrentava outra ameaça: sua mãe estava em seu leito de morte, a poucos dias do final. Havia também incerteza para as crianças, saindo de seu ambiente e do lugar onde haviam nascido e crescido. Posso bem imaginar suas preocupações, mas também posso bem imaginar o espírito de aventura, tão próprio da família Erickson, atendendo ao chamado: "juventude, marcha para o oeste" - para abrir novas fronteiras e descobrir novos mundos. Posso bem imaginar a verdadeira aventura que foi atravessar o país por vários dias, sob o calor insuportável do verão, sem ar condicionado, percorrendo quase três mil quilômetros, numa forma moderna do carroção (*covered wagon*) dos pioneiros americanos, o automóvel.

Elizabeth Erickson disse adeus ao passado. Estava vivendo imensamente no presente e olhando para o futuro, com esperança. Lutando, verdadeiramente, com unhas e dentes, para assegurar-se desse futuro!

Bert continua, na carta escrita para a mãe em 1983: "Surpreende-me a freqüência com que, em nossa granja aqui nas colinas do Arkansas, fazemos menção às lições aprendidas com papai, direta e indiretamente. Esforço-me por transmitir a meus filhos os conhecimentos básicos de vida que aprendi em casa... Quando paro para pensar e observo minha família aqui, todos trabalhando juntos, produtivamente, com consideração e respeito mútuo, fico realmente impressionado com tudo que as lições de Papai e o exemplo de Mamãe vêm me ajudando a realizar na minha própria família.... até agora parece que tudo está funcionando para o bem deles... e, com um pouco mais de tempo, ainda será melhor..."

Bert, batizado Albert, como o avô paterno, é fazendeiro e agricultor. Dirige, com sua mulher Lillian e três de seus sete filhos, uma fazenda leiteira e uma empresa madeireira no Arkansas. Tendo trabalhado em contato estreito com a terra e a natureza por toda a sua vida, aos setenta e poucos anos emana energia intensa e essa sabedoria *natural*, vinda do contato com a terra, semelhante àquela que imagino seria a de seu próprio pai, Milton Erickson, estivesse eu em sua presença.

O avô Albert trabalhou em mineração durante uma boa parte de sua vida, tornando-se depois vaqueiro, agricultor, pequeno fazendeiro e, finalmente, proprietário de uma pequena fábrica de leite condensado em Wisconsin. Existem semelhanças interessantes entre a vida do velho Albert e a de seu filho Milton, sendo uma delas o fato de terem decidido casar-se com suas respectivas companheiras de vida à primeira vista.

Albert Erickson esteve casado por setenta e três anos com Clara Miner. Tiveram nove filhos: sete mulheres e dois homens. Sua vida conjugal também foi muito produtiva e plena de sinergia; ambos viveram por mais de noventa anos, ele chegando aos noventa e sete e ela, aos noventa e três.

Dona Clara, em busca de boas oportunidades de educação para os filhos, voltou para Wisconsin, meio-oeste do país, com sua prole, depois de viver uns anos com seu marido em Aurum, Nevada, onde nasceu Milton. Durante anos ela administrou a pequena fazenda perto de Lowell, Wisconsin, onde haviam se estabelecido, enquanto o marido fazia mineração em Nevada. Albert nasceu em 25 de março de 1869. Milton Erickson morreu a 25 de março de 1980, cento e onze anos depois.[3]

Para Bert, sua mãe é mesmo a "heroína não celebrada", sempre trabalhando continua e assiduamente atrás dos bastidores. Enfatiza uma vez mais: "Conheço de perto como ela era importante para meu pai e para toda a nossa família". Na carta já mencionada, conclui, falando do espírito curioso e aventureiro demonstrado por D. Elizabeth, citando uma de suas visitas ao Arkansas: "Meus filhos ficaram maravilhados pelo fato de a senhora, a convidada de honra da reunião da família, desfazer-se da piscina em favor do lago e ir fazer mergulho nele, com o *snorkel*".

---

3. Fonte: FUNDAÇÃO Milton H. Erickson, Arquivos.

O espírito de aventura de Elizabeth Moore, que já estava presente e a todo vapor quando aceitou casar-se em 1936 com Milton Erickson, expandiu-se anos afora com as aventuras conjuntas e depois, na maturidade e viuvez, alimentou-se dos vôos em balão-de-ar sobre o deserto do Sonora, das viagens de helicóptero sobre as geleiras do Ártico... e das muitas viagens pelo mundo. Montar um elefante aos dezessete anos foi apenas o começo!

Phoenix, Arizona

O Dr. Erickson sobreviveu, recuperou-se e iniciou outro período de grande êxito profissional. A família estabeleceu-se num bairro central de Phoenix, na West Cypress Street, número 32.

Os primeiros anos no Arizona foram cheios de descobertas maravilhosas e de viagens pelo país e ao redor do mundo. O Dr. Erickson clinicava, fazia conferências, dava cursos de formação e fazia demonstrações clínicas. O casal fez grandes amizades e teve mais dois bebês: Roxanna, que nasceu em 1949, e Kristina, em 1951. E alguns cachorros mais foram acrescentados à família, com o passar dos anos: Roger Drasset (Drasset, o basset), Maura, o dálmata, Barney, Angelique e Princess Diane, estas últimas com pedigree e muito longevas. Um sem número de animaizinhos de estimação, como hamsters, ratinhos mascotes, gerbils, coelhos, tartarugas e até mesmo um gambá, fizeram parte da família. Quando chegavam visitas, a presença desses animais era tida como normal e até prosaica. Quando se hospedava na casa, a famosa antropóloga

Margaret Mead, amiga da família, pensava durante a noite não só sobre suas pesquisas genealógicas, como sobre os exercícios dos ratinhos notívagos, girando, moto-perpétuo, ao pé de sua cama!

Para um relato completo desses primeiros anos no Arizona, remeto você, leitor, leitora, à Segunda Parte deste livro, onde a própria D. Elizabeth nos conta em detalhes como a família se estabeleceu em Phoenix e como aprofundou amizades profissionais e pessoais com Aldous Huxley e sua primeira mulher, Maria Nys, com Leslie LeCron e sua mulher Elma e com Linn Cooper, falando também de seus experimentos na Universidade com este último.

D. Elizabeth nos diz também de facetas pouco conhecidas do desenvolvimento de seu marido como hipnoterapeuta e psicoterapeuta, tais como seu hábito terapêutico de sugerir visitas dos pacientes para observar os pássaros do viveiro do criador de pássaros exóticos Bernard Roer. Conta da participação do Dr. Erickson na *Seventh Step Foundation*, como psiquiatra e terapeuta de ex-presos, ou de uma poderosa indução hipnótica que proferiu ao prometer a um amigo artista, que havia tido três dedos decepados num acidente devastador, que iria recobrar inteiramente o uso de sua mão.

Na Phoenix atual. A vizinhança é encantadora e fica perto do também famoso Heard Museum, para onde Erickson enviava seus pacientes para tarefas terapêuticas metafóricas. As ruas do bairro, atualmente distrito histórico, são cercadas de palmeiras altas, troncudas e frondosas, e as casas são antigas, no estilo chamado territorial, por terem sido construídas no começo do século XX, quando o Arizona ainda era um território. Al e Marjorie Soroka, antigos vizinhos, cujos filhos cresceram com os mais novos dos Erickson, ainda vivem lá, numa das charmosas ruas. A famosa casa de tijolos vermelhos já não existe, foi demolida e deu lugar a um estacionamento...

AS DIMENSÕES SAGRADAS NA VIDA DE UMA MULHER

Como é que te amo? Te amo de mil maneiras...
Te amo com toda a profundidade, amplitude e altura que minha alma pode alcançar... e te amo ao nível da necessidade mais tranqüila de cada dia, sob a luz do sol e à luz da vela...

ELIZABETH BARRETT BROWNING

Chego agora à ultima parte de minha homenagem a uma mulher que considero completa, completamente realizada e plenamente atualizada como ser humano, ***completa*** como Teresa Robles definiu em seu livro *Revisando o passado para construir o futuro*[1]. À pergunta: O que significa ser mulher, mulher em sua totalidade, mulher na realidade completa? Eu responderia: Elizabeth Moore Erickson é essa mulher. Sua vida cotidiana e suas realizações diárias, nas esferas que viemos abordando e descrevendo até o momento, confirmam essa asserção. E ainda há mais...

Este livro começou como um simples ensaio. Tornou-se realidade a partir do convite amável de Teresa Robles, para que eu ampliasse a entrevista original com D. Elizabeth, feita em 2001. E agora, graças ao excelente ***espírito de colaboração*** entre nós duas e a família Erickson, o trabalho cresceu e se expandiu, na proporção dos aspectos múltiplos e ricos da vida de Elizabeth Moore Erickson.

---

1. Teresa ROBLES, *Revisando o passado para construir o futuro*.

Na realidade, eu diria que esta homenagem é apenas um começo. Como comentei anteriormente e ao longo desta narrativa, minha esperança é a de que este trabalho irá estimular e incentivar profissionais e estudantes a que pensem e reflitam sobre suas próprias vidas e seus sonhos e *cresçam*! Certamente isto é o que acontece comigo, à medida que vou observando a vida de D. Elizabeth, através do trabalho de seu marido e, mais recentemente, através do contato direto.

Nesta última seção, irei definir alguns termos que me parecem relevantes para realçar melhor a importância que vejo no trabalho de vida desta mulher extraordinária. Para isso, vou retomar a etimologia e os sentidos das palavras *sagrado*, *economia*, das cognatas *dona* e *domínio*, e da palavra *caleidoscópio*, a fim de integrar esses sentidos à **intenção** de minha narrativa nas páginas anteriores. Para completar narrativa e homenagem, o testemunho de alguns dos filhos e minhas palavras finais.

A palavra *sagrado* é utilizada aqui em sua forma secular, como a define o dicionário.[2] Provém do original latim *sacer*, para o francês *sacre*: guardar, apartar, reservar, salvaguardar, tornar sadio. Assim, *sagrar-se* significa dedicar-se completamente ou com devoção a alguma pessoa ou lugar. Envolve um propósito e um sentimento de devoção e dedicação a algo, ou alguém, merecedor do mais alto respeito ou reverência, como na expressão "consagrando-se à sua memória". Não vacilo ao usar este termo e este conceito para definir todos os aspectos da vida de D. Elizabeth, em especial o fato de ter-se dedicado, ao longo

2. *Webster's New Universal Unabridged Dictionary.*

de toda uma vida, ao marido Milton, a seu projeto de vida e à sua memória. Elizabeth Moore Erickson - seus filhos, colegas e amigos estão de acordo - tornou a existência segura e saudável para todos ao seu redor.

Outro conceito que incorporo a esta visão, para fundamentar ainda mais meus argumentos, tem a ver com as palavras correspondentes para *lar*: em grego, *oikos* e no latim, *domus*. Etimologicamente, de *oikos* derivou *oikonomia*. Assim, a esposa, a dona da casa, a administradora dos negócios familiares, a senhora do lar, é aquela que pratica a arte e a ciência da *oikonomia,* ou seja, da economia.

Todas as ciências e artes, desde tempos imemoriais, derivaram da *oikonomia*. Iniciaram-se no lar, no *oikos*: a medicina, a enfermagem, os primeiros socorros, o dar conselhos e advertências, o cuidar, o coletar e preservar alimentos, cozinhar, alimentar, ensinar.

É no lar ou *domus* latino que a criança aprende as primeiras palavras, dá os primeiros passos, aprende sobre os seres humanos, sobre as relações humanas. O *domus* é a fonte primária, a primeira camada do resto do mundo. É também importante considerar os significados etimológicos da palavra latina *domina*, o que nos ajudará a perceber mais acuradamente o sentido de ser a *dona* da casa: "senhora, aquela que habita o lar", "pessoa digna de respeito", vindo daí Dona, como palavra anteposta ao nome próprio de uma senhora, de uma dona de casa. Implicitamente e o mais relevante: ***dona*** é aquela que ***domina*** a si própria, a seus sentimentos e seus impulsos, aquela que é *senhora de si*, de seu mundo interior – como ***Dona*** Elizabeth.

Betty Alice enfatizou, em nossas entrevistas e contatos, como havia sido importante o papel de sua mãe em sua vida e na de seus irmãos - o *modelo* que foi para todos. Descreveu o impacto que teve em suas vidas, especialmente em relação a buscar o equilíbrio entre a vida profissional e a pessoal. "Mamãe sempre nos demonstrou estar à vontade e confortável, tanto em seu papel de profissional - ainda que esse trabalho tivesse sido executado dentro de casa - como no de mãe e dona de casa."

"Assim, tanto meus irmãos como eu decidimos que seríamos pais e mães bem presentes... Sempre nos envolvemos muito com as atividades de nossos filhos: suas experiências nos escoteiros e bandeirantes, as associações de pais e mestres das escolas, festinhas de aniversário, acampamentos, amiguinhos que gostavam de ficar em nossas casas e assim por diante".

O significado da palavra *oikonomia* vem-me outra vez à mente, quando as irmãs refletem sobre sua experiência com a mãe: "Mamãe sempre enfatizou a importância das coisas acontecerem numa seqüência própria, *natural* e organizada... por exemplo, nunca guardando um presente ou usando-o, sem antes escrever o devido cartão de agradecimento. As crianças não são tão conscienciosas em relação à arte dos agradecimentos... mas o conceito de preparo e ordem, e as vantagens disso, fazem parte integral de nossas vidas".

Os filhos dos Erickson nunca tiveram problemas com *economia*. Aprenderam com a mãe a nunca contrair dívidas, "nem mesmo comprando um carro, a menos que pudéssemos pagá-lo com nossas economias". Betty Alice continua: "Sem dúvida, todos nós vivemos bem dentro das nossas posses.

Mamãe e Papai sempre combinaram nesse ponto, mas foi nossa mãe quem nos deu as lições práticas do hábito da poupança".

O conceito de uma *ordem natural* e de seqüência apropriada, do preparo adequado e suas vantagens, também é visível em relação às opções profissionais dos filhos dos Erickson: "O fato de termos aprendido sobre o conceito de preparo e ordem apropriados nos influenciou em nossos objetivos educacionais. Sete dos oito filhos temos diploma universitário, além de, contando entre todos, termos dez títulos de pós-graduação, sem computar os dos cônjuges".

Seu pai, Milton, foi médico e psicoterapeuta ilustre; sua mãe, Elizabeth, bacharel em psicologia, esteve bastante ligada ao trabalho profissional. A avó materna foi professora primária especializada (o que era um nível educacional elevado no princípio do século XX) e o avô materno era advogado respeitado. Contudo, foi também esse sentido de *ordem natural*, de seqüência adequada e senso de oportunidade que levou um dos filhos a escolher trabalhar com a terra, como os avós paternos. Trabalhar em contato íntimo com a terra, com o solo, é conhecer, desde seu âmago, que o dia se segue à noite e que uma estação se segue à outra: primavera, verão, outono e inverno. Tudo precisa ser plantado e colhido no momento oportuno, no tempo certo da Mãe Natureza.... "seja verdadeiro consigo mesmo... tão verdadeiro como a noite se segue ao dia..."[3]

Betty Alice e Roxanna enfatizaram, ao longo de nossas conversas, o tanto que seus pais apoiaram e incentivaram o

---

3. William SHAKESPEARE, *Hamlet*, Ato I, cena II: *A advertência de Polônio.*

espírito de aventura nos filhos: "Mamãe nos mostrou, desde pequenos, como era maravilhoso poder sonhar e mesmo sonhar com aquilo que não podia se tornar realidade, como seu próprio sonho de trabalhar no circo!" Prosseguem: "mesmo quando não for possível fazer de um sonho realidade, sempre existe a possibilidade de alcançar parte dele e de encontrar satisfação, mesmo que nem essa parte almejada esteja prontamente disponível. Um exemplo seria o interesse de Mamãe pelo circo, desde criança. Nossa mãe *transformou* sua grande vontade positivamente, ao tornar-se membro vitalício do *Circus Fans Association of America* e ao escrever para a revista da Associação, também fazendo esforços extras para fazer amizades com artistas que trabalharam em circos."

Milton e Elizabeth alimentaram o espírito de aventura nos filhos, espírito esse que se afirmou, não só pelas profissões que escolheram, como também por seus passatempos favoritos. Betty Alice comenta: "Cada um de nós tem interesses singulares, fora do comum. Nunca escolheríamos esses *hobbies* como profissão, mas sempre temos prazer em nos dedicarmos a eles. Nossos pais estimularam esse espírito de aventura. *Mamãe ligou-o aos nossos sonhos*".

Tive uma experiência pessoal com Roxanna, a sétima dos filhos, que pediu para fotografar minhas mãos - somente minhas mãos - contra um fundo negro! Seu interesse inusitado é fotografar mãos - não as palmas, mas as costas das mãos. Certamente, tem grande prazer em colecionar fotos de mãos dos amigos, das pessoas da família, dos conhecidos e de pessoas famosas que vem a conhecer. Realmente, um passatempo fora do comum!

As irmãs prosseguem: "Nossa família tem, muito provavelmente, o récorde universal de leituras sobre as explorações geográficas no Pólo Norte e no Pólo Sul. Nossa mãe é a única da família, até agora, que já esteve na Antártica. Além disso, Mamãe e Roxanna sobrevoaram de helicóptero as geleiras do Alaska. Roxanna queria muito ouvir o estalido das geleiras desprendendo-se da massa continental, fenômeno freqüentemente mencionado nos livros sobre explorações geográficas no Ártico. ."

D. Elizabeth, na idade madura, viajou até os extremos norte e sul da Terra. Viajou rio acima pelo Orenoco, na Venezuela, que se origina na fronteira com o Brasil e que deságua num enorme delta na costa nordeste da Venezuela. Viajou por todo o Canadá, por toda a Austrália, visitou o arquipélago das Galápagos no Peru e as ilhas do Hawaii, no Oceano Pacífico. Esteve também em Oxford, Inglaterra, estudando os trabalhos literários de seu escritor favorito, Lewis Carroll, e viajou por outros países da Europa.

A filosofia oriental propõe, como missão da fase madura da existência, depois da criação dos filhos, que os seres humanos viajem pelo mundo como nômades, exploradores, como turistas e peregrinos, desejosos de conhecer e vivenciar sua beleza e majestade. D. Elizabeth, viúva e com os filhos adultos já casados e criando seus próprios filhos, cumpriu também essa missão, explorando o mundo e maravilhando-se com ele.

O espírito de aventura esteve presente todo o tempo. Nos tempos de casada, acompanhou o marido em várias viagens.

Em fins da década de 50 e na de 60, quando era possível deixar os filhos menores aos cuidados dos maiores, fazia viagens com o Dr. Erickson, longas ou curtas, pelas ilhas do Caribe, pelo México e Venezuela, enquanto este dava seus cursos de formação em hipnose. E acompanhando o marido também por todos os Estados Unidos, participou dos *Seminários sobre Hipnose*, precursores da criação da *American Society of Clinical Hypnosis*, como descrevo na seqüência fotográfica da terceira parte deste livro.

As irmãs Betty Alice e Roxanna concluem: "Mamãe e Papai sempre agiam em harmonia. Poucas vezes os vimos em desacordo. Houve sempre um tremendo respeito mútuo entre eles".

De toda a prole dos Erickson, Betty Alice sobressaiu no tocante a viagens e exploração do mundo. A professora Betty Alice viveu na Austrália, Etiópia, Brasil e Japão. Esteve várias vezes na Europa e no México, Coréia, Hong-Kong, China, Singapura, Tailândia, Vietnã, no Estado do Hawaii e na América do Sul. Tem dado cursos de formação e participado de congressos sobre a abordagem ericksoniana - que aprendeu desde o berço - nos países mencionados, além da Sibéria Ocidental e de Bali. E deu recentemente um curso de psicoterapia ericksoniana no Azerbaijão.

Como já mencionei, tanto ela como seus irmãos foram sempre estimulados, desde pequenos, a explorar o mundo com liberdade. Crescendo rodeada pelos amigos e colegas dos pais, que viajavam freqüentemente pelo mundo, Betty Alice foi influenciada desde menina por esse espírito de aventura. O

Dr. Erickson relata uma experiência da filha, aos dois ou três anos, vagando pelos terrenos do *Wayne County Hospital*, onde viviam na época. "Ela explorava o território do Hospital olhando para cá e para lá, aqui e ali, e ficava de cabeça para baixo, olhando o ambiente por entre suas pernas, olhando para cá e para lá, para todo lugar".[4] O pai ficou intrigado pela forma sistemática com que a filha, cheia de curiosidade e determinação, esquadrinhava o ambiente. Constatou, respeitosamente, o quanto as crianças podem nos ensinar: "há muitas formas diferentes de olhar para as coisas".

Quando Betty Alice tinha cerca de cinco anos, o cientista social e antropólogo Gregory Bateson, amigo da família, foi visitá-los em Eloise. Erickson descreve como a origem e viagens internacionais de Bateson, nascido na Inglaterra e recém chegado da Austrália, captaram a imaginação da filha. A pequerrucha rodou e rodou ao redor do *gigante* Bateson, que tinha mais de 1,90 m de altura, medindo-o de alto a baixo e chamando-lhe a atenção, ao recitar-lhe as distâncias entre a Terra e os planetas Marte, Vênus e Plutão.

A menina foi buscar um atlas mundial e pediu a Bateson que localizasse o lugar de onde acabara de chegar. Ele mostrou a Austrália. Betty Alice, então, com seus olhos de um azul profundo, fixos nos olhos de Bateson, anunciou solenemente: - "Quando eu crescer, vou viver na Austrália!" E assim foi. E, com toda certeza, sua mãe Elizabeth ajudou que esse sonho se tornasse realidade!

---

4. David GORDON, Maribeth MEYERS-ANDERSON, *Phoenix*, p. 187.

A experiência do cotidiano de uma mulher é multidimensional e contém uma miríade de facetas, como se estivéssemos olhando um caleidoscópio, sempre mutante. A composição desta palavra é interessante: *kalos* do grego, para ***belo***, *eidos* para ***forma***, e *skopein* para ***olhar***, compõe o total, ou seja, um caleidoscópio nos permite ***olhar belas formas***. Essas belas formas estão constantemente mudando e criando novas combinações. Um outro sinônimo de belo é **sagrado**. Como já esclareci no começo deste capítulo, estou associando esta palavra com seu significado secular, comum - cuidar, assegurar, tornar confortável e estar *dedicado a alguma pessoa ou lugar*, digno do mais alto respeito ou reverência, como "consagrado à memória de uma pessoa".

D. Elizabeth, ao se dedicar e ao devotar toda uma vida a ser parceira do caminho de seu marido, e a ser *domina*, a dona, a "diretora executiva" do lar dos Erickson, tão cheio de vida, ***transformou, consagrou, e tornou bonito*** um caleidoscópio de formas.

A autora Elizabeth Dodson Gray, num trabalho profundo e reflexivo, faz-nos perceber as dimensões sagradas da experiência cotidiana feminina.[5] Essas dimensões são cientificamente válidas e tão dignas de pesquisa objetiva e validação como as tradicionalmente dominadas pelos homens, nos campos do intelecto e da palavra escrita. Sobre esta questão já existe um corpo de investigações científicas de porte,

5. Elizabeth Dodson GRAY, *Sacred dimensions of women's experience.*

surgindo de muitos fóruns acadêmicos e institutos especializados, tais como o *Stone Center*, no Wesllesley College, em Massachusetts.[6]

As sete dimensões propostas por Gray e por suas colegas são: a ***criatividade***, em suas várias e múltiplas faces; o ***gerar, dar à luz***; o ***cuidar***: cuidar de bebês e crianças, orientar filhos adolescentes, cuidar dos pais na velhice e ser companheira do marido durante toda a vida; o ***criar um espaço sagrado no lar***; o ***fazer o trabalho e tarefas domésticas***; o ***alimentar e nutrir***: amamentar, buscar alimentos, cozinhar, servir a comida, reunir a família à mesa. E o ***preservar a integridade da mente-corpo*** das mulheres, ou seja, preservar a autonomia feminina sobre seu corpo e mente.

Nesta homenagem, venho me referindo a todas as extraordinárias realizações de D. Elizabeth nas dimensões acima mencionadas e naquelas dos tradicionais campos de trabalho profissional. A ela cabe o mérito de enfrentar todos os desafios propostos pela Vida, ao aceitar casar-se ainda bem jovem e ao prontificar-se a se tornar mãe de três filhos já criados, de sete, cinco e três anos de idade, mas ainda por criar.

É justo que ela seja homenageada por aceitar o desafio de dar à luz mais cinco bebês, enquanto a vida de parceria profissional com o marido se expandia e enquanto administrava e cuidava de uma casa cheia de vida, mas muito cheia de ocupações, com muito pouco auxílio da família extensa ou de empregados.

---

6. Judith JORDAN et al., *Women's growth in connection*. Também: Judith JORDAN et al. *Women's growth in diversity*.

A Elizabeth Erickson cabe também ser honrada pelo fato de administrar, com presença de espírito, alegria e muita classe, a vida social e profissional do casal, estar disponível para viajar com seu marido e, no fim da vida, cuidar dele devotadamente na enfermidade.

Assinalou-me, com a boa disposição e alegria que lhe é característica, que teve adolescentes em casa por trinta anos consecutivos...

Um lar bem atarefado!

À MANEIRA DE CONCLUSÃO

Vivo minha vida em órbitas crescentes, que se expandem para além de tudo no mundo... talvez nunca consiga chegar à ultima, mas esta será minha busca...

Venho rondeando Deus, rondeando a antiga torre e rondeando por mil anos... e ainda não sei se sou um falcão, uma tempestade, ou uma bela canção.

RAINER MARIA RILKE

Na verdade, não há uma conclusão para a história que comecei a contar hoje. Para mim, este é apenas o começo. Ao homenagear uma mulher, uma mulher completa e bem completa, que teve um papel tão relevante no devir da hipnose e da psicoterapia na segunda metade do século XX, sinto que estou apenas começando. Nesse projeto, ou seja, na feitura deste livro, venho contando uma história, ao mesmo tempo em que a história de uma vida está me sendo contada.

Fiz inúmeras associações mentais ao longo deste processo - associações que me foram e estão sendo muito úteis - à medida que as distintas partes da história de vida de D. Elizabeth foram surgindo e evoluindo, juntamente com o processo da narrativa, e à medida que as pessoas da família, ou ela mesma, partilharam pedaços de sua história comigo. Esse processo faz-me lembrar o sentido original duplo da palavra latina para "ensino, educo": o latim *doctor*, de *docere*, ensinar, educar. Quer dizer, *ao mesmo tempo* educo e sou educado. Fui educada, ao escrever este livro, numa outra forma de ser... humana e livre, outra forma de ser...

e, neste processo, espero estar educando, eliciando alguma coisa de muito importante no seu coração, leitor, leitora.

Meu objetivo e meu desejo foram o de oferecer uma perspectiva inovadora, diferente da que se conheceu até o momento, sobre Erickson e sua abordagem da hipnose, da psicoterapia e da vida. Como mencionei no início, essa narrativa contribui para trazer à luz um outro aspecto fundamentalmente importante do legado ericksoniano, e nos entrega agora, como se fosse por fim, completo: com ambas pernas, ambos braços, ambos olhos, ambos ouvidos, unidos num só coração palpitante - o de Milton Hyland Erickson e de sua companheira de vida, Elizabeth Moore Erickson.

A narrativa certamente continuará e será mudada e transformada ao longo de muitas décadas futuras. Os filhos dos Erickson, seus netos e seus bisnetos e os estudiosos do legado ericksoniano preencherão as falhas dessa história que hoje conto e de minha homenagem a essa mulher.

Espero que D. Elizabeth continue nos proporcionando, ela mesma, através de seus filhos e daquelas pessoas que foram testemunhas oculares de sua vida, todas as nuanças, todas as histórias e todos os contos e casos, do que significou, para ela, participar plenamente da criação e elaboração de uma abordagem da hipnose e da psicoterapia oriunda do solo nativo do Novo Mundo, mas que pertence, neste século XXI a *um mundo ilimitado de possibilidades*![1]

---

1. A frase 'Mundo ilimitado de possibilidades' é o tema do IX Congresso Ericksoniano Internacional para celebrar o 25º Aniversário da Fundação Milton H. Erickson, a ter lugar em Phoenix, de 1 a 5 de dezembro, 2004.

Espero, muito sinceramente, que as sementes que plantei hoje, com a amável ajuda de tantas mãos, hábeis e versáteis, venham a germinar e gerar frutos magníficos, pelo futuro afora. Muito obrigada.

Marilia Baker
Phoenix, Arizona
22 de abril de 2004

A FLOR NA FENDA DO MURO

Florzinha na fenda do muro,
te arranco dessa fenda,
e te sustento aqui, em minhas mãos,
com raiz e tudo.
Pequena flor: se eu pudesse entender
o que tu és,
com raiz e tudo, e todo no tudo...
Saberia o que Deus e o Homem são
e o que és,
Deus e Homem.

Alfred Tennyson

"Este é um dos poemas favoritos de mamãe".

Os filhos dos Erickson.

Segunda Parte

ENTREVISTANDO ELIZABETH MOORE ERICKSON

A entrevista que se segue surgiu de uma série de encontros e conversas que tive com Elizabeth Euphemia Moore Erickson, D. Elizabeth, durante os anos 2000 e 2001. Esclareço que grande parte desta entrevista foi publicada, pela primeira vez, na Edição Especial do Jornal da Fundação Milton H. Erickson, comemorativa do centenário de nascimento de Milton Hyland Erickson (*The Milton H. Erickson Foundation Newsletter,* Vol. 21. n.2, Verão de 2001).

Acrescentei ao texto original da entrevista as experiências do Dr. Erickson com o escritor Aldous Huxley e sua esposa Maria Nys, com o professor e pesquisador Linn Cooper e com o hipnotizador Leslie LeCron, bem como notas e comentários. Algumas mudanças em certas palavras e frases que aparecem nesta versão foram resultado de conversas pessoais que mantive posteriormente com D. Elizabeth, com suas filhas Betty Alice e Roxanna, ou são provenientes da literatura pertinente.

O objetivo central dessa entrevista foi conhecer mais detalhes da vida de Milton H. Erickson, durante os primeiros anos no Arizona. Queria também compreender como foi a *transição* que viveu, ao mudar-se de uma região muito tradicional do meio oeste dos Estados Unidos (Detroit, Michigan) para o sudoeste americano, na fronteira com o México (Phoenix, Arizona, no deserto de Sonora). Queria saber como tudo isso poderia ter inspirado e modelado a expressão final de seus interesses na hipnose, nos fenômenos hipnóticos e na sua forma de fazer psicoterapia.

O âmbito dos interesses de Erickson era excepcionalmente amplo, abarcando desde os seres humanos aos animais, desde a natureza, à natureza modificada pelo homem e aos artefatos por ele fabricados. D. Elizabeth pôde acompanhar, de muito perto, as observações de seu marido, com curiosidade e entusiasmo comparáveis, embora mantendo seus próprios interesses.

Além de saber *o que* aconteceu e *como* aconteceu durante aqueles primeiros anos, a partir de sua chegada a Phoenix em 1948, estava interessada em captar, através do olhar de D. Elizabeth, sua companheira de todos os dias, a vida cotidiana de Milton H. Erickson e em vê-lo e senti-lo como um homem normal, no seu dia a dia. E, assim fazendo, aprender mais sobre D. Elizabeth também.

Através do conhecimento de sua vida cotidiana, buscava captar os matizes da experiência do dia a dia que tiveram influência e moldaram a teoria e a prática de um grande mestre. No caso de Erickson, esta busca se torna mais complexa, mais sofisticada e sutil porque, como ele mesmo dizia: "Invento uma teoria nova e um enfoque novo para cada indivíduo". E, seguramente, podemos acrescentar: "a cada momento".

A amplitude dos relacionamentos humanos e a riqueza das interações que Erickson e sua mulher mantiveram com as pessoas descritas no decorrer da entrevista impressionam e inspiram. Sem dúvida, realçam Aldous Huxley e Milton H. Erickson, duas mentes notáveis da segunda metade do século XX.

A riqueza e variedade das ações e atitudes de Erickson, verdadeiras intervenções, narradas por D. Elizabeth, também impressionam: Milton H. Erickson, o "Ex-Preso Honorário"; o "Papai Erickson que se encontra com o Homem Borracha e inventa a pequenina rã Barriguinha Branca"; o psiquiatra Erickson, que envia seus pacientes ao centro da cidade, para que "descubram os diferentes tons de verde na grama"! O deserto floresce. *A mente humana se expande. Crescemos em direção ao nosso potencial máximo.*

Marilia Baker: D. Elizabeth, todos nós, clínicos, acadêmicos, pesquisadores, terapeutas das mais variadas correntes em todo o mundo, sua família, seus amigos, estamos celebrando, neste ano de 2001, o centenário de nascimento de seu marido. Este é também o ano do centenário de nascimento da antropóloga Margaret Mead, que escreveu em sua autobiografia, *Blackberry Winter* (1972):

Inverno das amoras negras,
Tempo em que a geada cai e cobre seus pequenos botões.
Sem o enregelamento, as amoras não vingarão.
É o prenúncio de uma rica colheita.

Esta analogia também me parece muito pertinente para a vida da senhora e de seu marido. Em 1939, sua relação de amizade com Margaret Mead e o marido dela, o também antropólogo e cientista Gregory Bateson, começou com a revisão e análise, sob a perspectiva da hipnose, dos filmes que eles haviam gravado sobre os transes coletivos nos templos de Bali. No livro *The Letters of Milton H. Erickson,* recentemente publicado[1], aparecem narrativas de sua participação nessa análise. Seria possível contar-me, então, alguma coisa sobre os aspectos cotidianos e comuns do relacionamento da senhora, de seu marido e de sua família com ela?

Elizabeth Erickson: *Margaret e Milton tiveram uma relação de amizade, que se prolongou por anos, desde que trocaram as primeiras cartas a respeito dos estudos antropológicos e conferências que ela fazia sobre as experiências de transe em Bali. Margaret então começou a sempre incluir nossa família entre os lugares a visitar, nas suas muitas viagens profissionais. Milton e ela buscavam compatibilizar os convites para as palestras e conferências, de modo que pudessem aproveitar as viagens de trabalho para se visitarem nas respectivas residências e, também, para encontrar os colegas, amigos e familiares de cada um.*

Margaret nos visitou várias vezes na casa da Cypress Street, em Phoenix, onde vivemos de 1949 a 1970. Às vezes, por conveniência profissional, ficava num hotel. Contudo, frequentemente se hospedava conosco, mesmo com a casa cheia, como sempre foi. E nós todos gostávamos de sua presença. Tínhamos três quartos: colocávamos o bercinho do neném no nosso quarto durante o dia e, à noite, o levávamos para a sala de jantar. O quarto da frente, com as camas iguais, era das meninas e o de trás, que era o maior, era dos rapazes. Uma das meninas dormia no sofá da sala e cedia sua cama para Margaret. Durante anos, ela se divertia com o fato de ter-se tornado parte tão integrante de nossa

1. Jeffrey K. ZEIG, Brent B. GEARY, *The letters of Milton H. Erickson.*

família, que até a gaiola dos nossos ratinhos brancos de estimação ficava ao pé de sua cama!

À medida que os anos foram passando, eu a via, cada vez mais, como a irmã mais velha querida, que sempre tinha desejado ter. E Margaret sempre continuou a manter essa relação estreita com nossa família, participando de nossas festas e reuniões. Continuou visitando-nos assiduamente, mesmo depois que nos mudamos para a Hayward Avenue, em 1970. Eu ia buscá-la no aeroporto, passava por nossa casa para que visse Milton e então a levava a todos os compromissos de trabalho.

Lembro-me de uma vez em que nos dirigíamos a pé ao Heard Museum e um jovem nos parou na calçada:

– Ei!... a senhora é a Margaret Mead!

Ela sorriu: – Sim, sou eu mesma.

– Posso apertar sua mão? Perguntou o rapaz.

E prosseguiu: – Nossa, não agüento esperar para contar à minha mulher. Ela nem vai acreditar! Encontrei com Margaret Mead!

Para Margaret, ser amável e simpática com todo mundo era a coisa mais natural.

Era sempre uma alegria ficar perto dela. Conversava e se relacionava com qualquer pessoa exatamente ao nível da pessoa. Milton e Margaret se envolviam em debates intelectuais longos e profundos. Ela me tratava como uma colega e como uma irmã querida. Relacionava-se igualmente bem com as crianças e os jovens. Betty Alice, especialmente, *lembra-se de seus conselhos sábios sobre maternidade! E Roxanna, minha penúltima filha, lembra-se bem de quando, pequenina, remexia na maleta de Margaret e experimentava o seu chapéu favorito.*

Margaret era capaz de mostrar-se interessada e conversar com a empregada sobre as várias técnicas de se fazer uma faxina, como também conversar animadamente com nossos amigos sobre qualquer assunto. Sua atitude fazia com que todos se sentissem importantes e à vontade. Margaret Mead morreu de câncer em 1978, em Nova Iorque. Milton e eu nos sentimos profundamente tristes com sua partida.

Marilia Baker: D. Elizabeth, a senhora e seu marido tinham um círculo grande de amigos famosos mundialmente. Gostaria de mencionar mais alguém que os tenha impressionado significativamente, nesses primeiros anos aqui, na costa oeste do país?

***Elizabeth Erickson**: Minha primeira lembrança é nosso relacionamento com Aldous Huxley e sua primeira mulher, Maria Nys. Fomos apresentados a eles por Leslie LeCron, que havia enviado a Milton o manuscrito do livro que escreveu com John Bordeaux,* Hypnotism Today[2], *pedindo-lhe que escrevesse o prefácio. LeCron havia conhecido Aldous Huxley pessoalmente, pois este se radicara*

2. Existe uma edição esgotada deste livro (1947), autografada pelos autores e publicada por Wilshire Books. Uma outra, editada por Grune & Stratton em 1949, com o prefácio de Milton H. Erickson, encontra-se ainda à venda.

nos Estados Unidos, tendo comprado uma linda casa nas colinas, nos arredores de Los Angeles[3].

Comentário de Marilia Baker. *Situando Aldous Huxley, pode-se dizer que foi um dos pensadores mais profundos e originais do nosso tempo e um escritor prolífico. Sua produção literária é monumental. Descendia, dos dois lados, de famílias inglesas conhecidas, da elite intelectual e social – os Huxley e os Arnold. Aldous, quase cego durante toda a sua vida, sobressaiu notavelmente aos outros membros de sua família, distinguindo-se em todos os campos do conhecimento que explorou.*

Sua primeira esposa, a belga Maria Nys, faleceu em 1955. Tiveram um filho, Matthew Huxley, nascido em 1920. Haviam chegado aos Estados Unidos em 1937 e a Hollywood em 1938. Huxley permaneceu em Los Angeles até sua morte, em 1963.

Além de todas as suas pesquisas e incursões nos mistérios da mente (inclusive, experiencias com LSD), continuou trabalhando como consultor de filmes e escritor de roteiros cinematográficos, para muitos estúdios. Dentre os filmes bem conhecidos nas décadas de 40 e 50, um foi Alice no País das Maravilhas *(1951), de Lewis Carroll, um dos autores favoritos de Elizabeth Moore Erickson.*

Casou-se em 1956 com a italiana Laura Archera, escritora e filósofa, que, como seu marido, também fez muitas pesquisas

3. O nome original da cidade de Los Angeles, dado no século XV por seus primeiros colonizadores, os frades franciscanos espanhóis, foi: "El Pueblo de Nuestra Señora La Reina de Los Angeles".

e trabalhos. Em 2000 foi conferencista convidada da Evolution of Psychotherapy, *em Anaheim, uma das mais importantes conferências sobre a evolução da psicoterapia na atualidade, organizada a cada cinco anos pela Fundação Milton H. Erickson.*

Elizabeth Erickson, continuando: *Inicialmente, Huxley veio contratado como consultor de um estúdio cinematográfico em Hollywood, onde estavam produzindo um filme sobre um de seus livros. Creio que era o* Brave New World[4]. *Leslie LeCron também havia sido contratado como assessor de vários filmes de ficção científica de conteúdo psicológico. Elma, a mulher de LeCron nessa época, chegou a ser também uma de minhas melhores amigas, como Maria Huxley.*

Maria Huxley era conhecida por sua hospitalidade e bom gosto. O casal tinha como amigos um círculo grande de intelectuais encantadores, que costumavam ser seus convidados.

Quando convidavam Milton para alguma conferência perto de Los Angeles, como frequentemente ocorria, se eu conseguisse arranjar uma pessoa que ficasse cuidando de meus filhos e da casa, ia junto com meu marido por alguns dias.

Todas as tardes, Aldous costumava fazer caminhadas longas e vigorosas pelas colinas de Hollywood. Estava sempre acompanhado de jovens estudantes, de professores visitantes

4. *Brave New World* (*Admirável Mundo Novo*) foi publicado primeiramente em 1931, simultaneamente por Chatto & Windus em Doran, Londres e Doubleday, New York.

e de muitos outros que se juntavam a ele nesses passeios. Eu mesma fiz essas caminhadas várias vezes. Huxley tinha muito interesse no trabalho hipnótico de Milton e os dois costumavam mergulhar em discussões profundas, que podiam durar varias horas.

Muito freqüentemente, Milton e eu costumávamos ir dirigindo de Phoenix a Los Angeles, somente para que os dois pudessem continuar essas discussões longas e profundas. E quando meu marido viajava sozinho para a Califórnia para dar alguma palestra ou conferência, os dois sempre achavam um tempo para se encontrarem e conversarem em particular.

Uma ocasião, Huxley perguntou a Milton se podia trazer seu sobrinho Francis, o filho de Sir Julian Huxley, para participar de uma dessas conversas. O rapaz estava indo à América do Sul e estava passando por Los Angeles para ver o tio. Francis Huxley era antropólogo e tinha vivido por algum tempo em uma tribo primitiva. Posteriormente, escreveu um livro sobre essa tribo. Ainda tenho esse livro, Affable Savages. *A família Huxley era muito intelectualizada e Francis, um jovem muito simpático e inteligente.*

Comentário de Marilia Baker. *Erickson e Huxley eram, claramente, dois gigantes intelectuais, duas almas irmãs, que trabalhavam muito bem em conjunto. Segundo várias fontes*[5]*, os dois haviam planejado publicar um trabalho conjunto sobre*

5. Jeffrey K. ZEIG, Michael W. MUNION, *Milton H.Erickson*, p.18.

"a consciência e seus estados alterados", mas um incêndio devastador destruiu a casa de Huxley situada nas colinas de Hollywood, assim como todos os seus manuscritos inacabados e outros trabalhos conjuntos.

Contudo, o Dr. Erickson havia guardado as anotações de suas sessões hipnóticas com Huxley e as publicou posteriormente sob o título: "A Special Inquiry with Aldous Huxley into the Nature and Character of Various States of Consciousness". *Segundo Ernest Rossi, "este foi um de seus trabalhos mais inovadores e geniais"[6].*

Marilia Baker: D. Elizabeth, a senhora mencionou o interesse de seu marido pelas idéias e trabalhos do médico Linn Cooper sobre o fenômeno da *distorção do tempo.* Cooper foi um dos primeiros pesquisadores de hipnose interessados nos experimentos do Dr. Erickson com os fenômenos hipnóticos. Poderia contar-nos um pouco mais sobre seu relacionamento com o Dr. Cooper?

Elizabeth Erickson: *Linn Cooper, de Cooperstown, New York, era da mesma família do famoso novelista, historiador e crítico social James Fenimore Cooper (1789-1851). Era de família abastada e tinha recursos próprios, de modo que não precisava de rendimentos de trabalho. Era*

6. "A Special Inquiry with Aldous Huxley into the Nature and Character of Various States of Consciousness" foi publicado originalmente no *The American Journal of Clinical Hypnosis*, julho de 1965, v. 8, p. 14-33. Posteriormente, publicado também nos *The collected papers of Milton H. Erickson on hypnosis*, v. I, p. 83-107. Fonte: Ernest ROSSI et al. (Eds.), *Healing in hypnosis*, p. 37.

muito culto. Além de médico, havia sido professor numa Faculdade de Medicina na China e na Georgetown University, nos Estados Unidos.

Cooper entrou em contato com Milton ao final da década de 40, para averiguar como poderia pesquisar empiricamente suas idéias básicas sobre distorção do tempo. Posteriormente, veio a Phoenix e aqui esteve por vários meses, fazendo essas pesquisas sobre o uso da hipnose na distorção do tempo. Utilizava os estudantes de psicologia da Arizona State University como sujeitos dos experimentos. Milton contribuiu para essas pesquisas com as aplicações terapêuticas e clínicas.

Linn já havia escrito vários artigos sobre o tema da distorção do tempo em geral, isto é, sobre a compreensão do tempo e de seu transcorrer, bem como sobre as alterações decorrentes do modo pelo qual são feitas diferentes observações. Quando os experimentos terminaram, escreveram, juntos, o livro: Time Distorsion in Hypnosis (A distorção do tempo na hipnose).[7]

Tanto na primeira como na segunda edição do livro, o prefácio foi escrito pelo Dr. Harold Rosen, nessa época, amigo próximo de Milton e admirador de seu trabalho. Posteriormente, os dois se afastaram por diferenças filosóficas reais a respeito de protocolos de tratamento.

---

7. COOPER, L. e ERICKSON, M. *Time distorsion in hypnosis: an experimental and clinical investigation.* Baltimore: Williams & Wilkins, 1954. Uma outra edição saiu em 1982, publicada por Irvington Publishers, New York. Reimpressão em 2002 por Crown House Publishers, Williston, Vermont.

Este fenômeno de usar a hipnose para permitir que uma pessoa em estado de transe profundo vivencie um intervalo curto de tempo *como se fosse um* período prolongado de tempo *– e utilizá-lo terapeuticamente – foi aclamado como uma característica da hipnose. Foi nessa época que essa possibilidade [a elasticidade do tempo] foi finalmente reconhecida como intrínseca à hipnose e, talvez seja o único fenômeno hipnótico modernamente acrescentado ao que até então se definia, historicamente e convencionalmente, como hipnose.*

Sinto-me muito orgulhosa de contar-lhe que fui a co-autora do último capítulo da segunda edição (1959) do Time Distortion in Hypnosis. *O acréscimo deste capítulo foi a única modificação importante na segunda edição, com exceção de pequenas correções aqui e ali. Esse capítulo ilustra nossas próprias pesquisas experimentais – minhas e de Milton – onde são contrastadas a* expansão do tempo *[obs.: um intervalo curto de tempo parece longo] e a* condensação do tempo, *ou seja: " um período longo de tempo pode parecer curto".*

Linn Cooper era um cavalheiro, muito gentil, e parecia considerar-nos parte de sua família extensa. Lembro-me muito bem de que não se encontrava com Milton apenas nas reuniões profissionais; ele veio a Phoenix várias vezes, ao longo dos anos, só para nos visitar. Gostava de comer bem e gostava tanto de restaurantes elegantes como dos restaurantes típicos do Oeste americano, divertidos e onde serviam comidas típicas de nossa região.

Milton manteve o interesse no fenômeno da distorção do tempo *e até ajudou muito uma de nossas secretárias, amiga da família, a utilizar-se muito habilmente desse fenômeno hipnótico.*

Marilia Baker: D. Elizabeth, a família Erickson mudou-se para Phoenix no verão de 1948. A senhora poderia descrever-nos estes *primeiros anos* no Arizona e como esse período ajudou a dar forma e a moldar a evolução das idéias de seu marido e, posteriormente, seu legado?

Elizabeth Erickson: *Quando ainda estávamos em Michigan, no princípio da década de 40, Milton teve problemas sérios de saúde, mesmo que, entre as crises da doença, conseguisse trabalhar intensamente, e durante muitas horas. Atualmente, sabe-se que as vítimas da poliomielite sofrem de graves perdas musculares e dores intensas, muitos anos depois do episódio inicial da doença (no caso de Erickson, aos 17 anos). Na época não se sabia disso.*

Em 1948, meu marido teve uma crise horrorosa, tão grave que teve de ser hospitalizado no Hospital da Universidade de Michigan (University of Michigan Medical Hospital). *Os médicos o aconselharam a tirar licença médica durante o verão e tentar ver se o clima do sudoeste do país o faria sentir-se melhor. Escolhemos Phoenix, porque era o único lugar no oeste dos Estados Unidos onde conhecíamos alguém. Éramos bons amigos do médico superintendente do Arizona State Hospital, o único hospital psiquiátrico público naquele Estado.*

Marilia Baker: Esse amigo era o doutor John Larson, com quem o Dr. Erickson havia colaborado em trabalhos de psiquiatria policial e judiciária, estudando a *mente criminosa*?

***Elizabeth Erickson**: Sim, esse mesmo. John Larson, médico e Ph.D., era um psiquiatra brilhante que Milton conheceu em Detroit, Michigan. Tinha sido Diretor Assistente na Clínica Médica do Tribunal de Justiça da cidade de Detroit. Larson havia mudado para o Arizona por causa da saúde de seu filho único, um adolescente que sofria de graves crises asmáticas. John era muito distinto como pessoa e um cientista de renome, que havia sido o pioneiro no uso do detector de mentiras antes de Leonard Keeler, mesmo que o detector tenha sido chamado, por muitos anos, de* Polígrafo de Keeler. *Lembro-me de Larson referir-se ao seu detector, na intimidade, como "meu monstro Frankenstein", pois pensava que estava sendo muito mal utilizado.*

Creio que as conversas de Milton e Larson contribuíram grandemente para a compreensão que meu marido tinha da mente do criminoso e para seus conceitos sobre medicina judiciária. Milton sempre se interessou pelo comportamento criminoso, como campo de investigação científica. Sua tese de conclusão de curso na Universidade, em 1927, foi sobre alguns aspectos da inteligência inferior e o crime.

Milton também trabalhou com o sistema penitenciário de Colorado, antes de nos casarmos e continuou trabalhando ainda, por muitos anos, com as delegacias de polícia e penitenciárias e com os comitês de concessão/avaliação de liberdade condicional. Milton trabalhava com os investigadores em técnicas de interrogação, ajudando-os a coletar todas as informações disponíveis e a reconhecer particularmente quando um acusado começa a confabular. Algumas vezes, eles até trouxeram testemunhas aqui, na nossa casa, para estas investigações criminais.

Marilia Baker: D. Elizabeth, achei muito interessante que o trabalho do Dr. Erickson com o Dr. John Larson em Michigan tivesse sido o fator decisivo para a escolha de seu lugar de residência. Poderia contar-me sobre as dificuldades que tiveram nessa mudança para o Arizona?

***Elizabeth Erickson**: Meu marido estava tão doente nessa época, que fiz todos os preparativos para que viajasse de trem para o Arizona. Dois jovens médicos, residentes do Hospital, ficaram encarregados de cuidar dele durante a viagem. Posteriormente, voltaram de avião; fui eu quem pagou todas essas despesas.*

Milton hospedou-se na casa dos Larson, enquanto eu vinha de carro, com Betty Alice, Allan, Carol e Robert, e dirigindo de Michigan ao Arizona. Nossos filhos mais velhos, Bert e Lance, estavam em empregos de verão e ficaram em Michigan. Levei uma semana inteira atravessando o país de carro, parando e dormindo em motéis que encontrávamos no caminho.

Foi uma verdadeira façanha, com quatro crianças entre quatorze e três anos de idade, vir dirigindo o automóvel, essa distância incrível, em pleno verão, antes da época dos carros com ar condicionado! De qualquer modo, conseguimos vencer todos os obstáculos e, quando chegamos, constatamos que Milton já estava muito melhor, na casa dos Larson. Uma vez em Phoenix, ficamos hospedados por uma semana num hotel chamado 'A Autopia' e, posteriormente, mudamos para uma casinha, parcialmente mobiliada, que aluguei até o fim do verão. O endereço era: 22 South 30th Place, em Phoenix.

*Milton foi melhorando tanto que, ao final do verão, já havíamos decidido nos estabelecer em Phoenix permanentemente. Ele pediu demissão do Eloise State Hospital (*Wayne County General Hospital and Infirmary*), um enorme hospital psiquiátrico onde trabalhava, nos arredores de Detroit. O Dr. Larson convidou-o para que se juntasse à equipe do Arizona State Hospital, na esperança de que, juntos, pudessem modernizá-lo, fazê-lo funcionar como um hospital do século XX. O resto da equipe de psiquiatria consistia de dois ou três psiquiatras mais velhos, sem quaisquer especializações.*

Marilia Baker: Como a senhora conseguiu sair-se tão bem, com quatro filhos pequenos, nessas mudanças rápidas e drásticas em sua vida?

***Elizabeth Erickson**: Foi uma época muito movimentada e muito difícil para todos nós. Voltei de avião para Michigan, fiquei uma semana lá, contratei uma pequena companhia de mudanças, encaixotei todos os nossos móveis e outros pertences e os remeti de trem. Bert decidiu que iria ficar em Michigan. Lance veio de ônibus para o Arizona no* *final do verão e decidiu entrar para a Universidade, a fim de completar os dois anos que faltavam para se diplomar.*

Infelizmente, essa semana foi também a última semana de vida da minha mãe. Meu pai havia cuidado dela durante os dois ou três anos de sua doença. Ela morreu de câncer de mama, em casa, confinada na cama. Estive presente em seu leito de morte e assisti seus funerais. Sou muito grata pelo fato de ter podido vê-la mais uma vez.

Marilia Baker: Além das funções que o Dr. Erickson exercia no Arizona State Hospital e das inovações que ele e o Dr. Larson estavam introduzindo lá, quais outros projetos eram de interesse dele, nestes primeiros anos no Arizona?

***Elizabeth Erickson**: Havia, na cidade, uma organização chamada* The Seventh Step Foundation *(Fundação Sétimo Passo), para ex–presidiários que se mostrassem seriamente determinados a serem corretos, evitarem confusões e tornarem-se bons cidadãos. Acredito que Milton descobriu essa organização em uma das visitas periódicas que fazia, com o Dr. Larson, à Penitenciária Estadual localizada na pequena cidade de Florence, ao sul de Phoenix.*

A penitenciária tinha uma divisão especial e uma área de confinamento para reclusos com doenças mentais e os dois, Milton e Larson, trabalhavam nessa divisão. Foi numa dessas viagens que meu marido descobriu a The Seventh

Step Foundation. *Originalmente, ela havia sido estabelecida aqui em Phoenix como um lugar onde os presos em liberdade condicional, ou os recém libertados, pudessem passar uns dias adaptando-se ao mundo. Lá podiam fazer sua higiene pessoal, ter boa alimentação e buscar emprego, como acontece hoje em dia, nas modernas casas de transição (*half-way houses*).*

***Comentário de Marilia Baker.** O "Sétimo Passo" é um conceito que se originou a partir do bem sucedido programa "Os doze passos para os Alcoólicos Anônimos". Neste último, a pessoa segue, essencialmente, um programa que se dirige em profundidade a cada um dos problemas ou comportamentos que a levaram a esses mesmos comportamentos prejudiciais. Cada passo consiste de uma máxima sugerida para que a pessoa vivencie uma recuperação pessoal significativa. A sétima máxima é: "Humildemente pedimos ao nosso Poder Mais Alto que elimine nossas falhas". Cada máxima é construída sobre a anterior, chamando-se, por isso, passo. O passo anterior implica numa entrega total, uma capitulação, para que sejam removidos e eliminados nossos defeitos de caráter. O oitavo passo sugere que seja feita uma lista de todas as pessoas que foram prejudicadas pelo comportamento da pessoa e das reparações que deseja fazer. O nono passo sugere que a pessoa faça essas reparações diretamente e, sempre que possível, sem prejudicar terceiros inocentes. Pelas descrições de D. Elizabeth, parece que o programa direcionado à mente criminosa foi muito bem sucedido.*

Elizabeth Erickson: *A atmosfera de cidade pequena, na Phoenix da década de 1950, era feita sob medida para este tipo de programa. Lembro-me de uma velha mansão de três andares, na parte sudoeste do centro da cidade. Lembro-me também de que, quando Milton ia, em visita, a essa casa de transição, eu geralmente fazia um pacote de roupas para que doasse aos ex-presidiários. Sempre colocava uma gravata para cada camisa, para que eles ficassem com uma aparência limpa e agradável. Muitos desses homens apreciavam realmente nosso interesse pessoal por eles e o aconselhamento que lhes era proporcionado. Esse grupo continuou por muitos e bons anos. Ainda existia quando Milton faleceu em 1980, mas não creio que ainda exista hoje.*

Marilia Baker: Como a senhora era atenciosa com os ex-presos, D. Elizabeth, colocando sempre uma gravata para cada camisa ou terno que doasse! Podemos até dizer que esses cuidados se pareciam a uma poderosa "hipnose de ação" e contendo forte sugestão pós-hipnótica!

Elizabeth Erickson: *Quando o trabalho da 'The Seventh Step Foundation' ainda estava em seu apogeu, eles até tinham uma filial na Penitenciária Estadual, em Florence. Uma ocasião, Milton foi a um banquete lá, ao qual compareceram todos os que moravam na casa de transição de Phoenix, e os presos que estavam prestes a serem postos em liberdade.*

Ainda conservo um cartão, datado de 1974, no qual constava o título com que Milton foi agraciado nessa homenagem: "Ex-Preso Honorário". Disseram a meu marido que ele era o primeiro e único "ex-preso honorário" a ser investido até então.

Este fato era levado absolutamente a sério pelos ex-presos e Milton também levou tudo a sério. Dessa forma, não contava esse caso a muitas pessoas, porque não queria, de maneira alguma, que o tomassem como brincadeira.

Marilia Baker: Que história extraordinária! Como ela expressa o conhecimento profundo que o Dr. Erickson tinha da mente humana e de sua complexidade, assim como também a maneira respeitosa com que se relacionava com todos.

***Elizabeth Erickson**: Na Hayward Avenue, na zona centro-norte de Phoenix, lembro-me de um ex-preso que veio vários dias à nossa casa, para cortar a grama do jardim. Milton permitiu que dormisse numa espreguiçadeira acolchoada que tínhamos no quintal. Deixei, então, a porta de trás do escritório destrancada, para que ele pudesse usar o banheiro. Creio que ele se deu bem, pois meu marido o estava ajudando bastante.*

Minhas filhas tinham suas dúvidas quanto ao ex-preso dormir em nossa propriedade, mas reconheciam que seu pai sabia muito bem como julgar as pessoas. Um dia, o ex-preso nos contou que havia recebido um tiro no coração. Kristina, que nessa época era estudante de medicina, não quis acreditar, até que o rapaz mesmo mostrou a cicatriz e contou, com todos os detalhes, como havia sido baleado!

Marilia Baker: Tudo isso que a senhora está nos contando mostra como o Dr. Erickson era envolvido com os recursos da comunidade e com programas pouco tradicionais, mas inovadores.

***Elizabeth Erickson**: Sim, era isso mesmo. Milton também dava apoio muito sólido aos* Alcoólicos Anônimos. *Dedicava bastante de seu tempo aos membros desse programa que realmente estivessem comprometidos com deixar de beber.*

Marilia Baker: D. Elizabeth, sua narrativa dessas experiências cotidianas de seu marido na nova terra, me faz pensar que elas parecem ligar-se àquelas vivências que teve quando criança e jovem, ainda na fazenda da família, em Wisconsin!

***Elizabeth Erickson**: Milton também esteve muito envolvido em outro projeto não tradicional, uma residência particular para adolescentes sem-teto, dirigida por um casal conhecido nosso, Tex O'Leile e Senhora. Creio que fomos apresentados por John Larson. Nessa época, aqui no Arizona, não havia nenhuma ajuda institucional para esses meninos. Tex tinha uma gleba de terra e um sítio, nos arredores de Phoenix. O casal tinha um filho e criava quatro ou cinco adolescentes sem família.*

A Sra. O'Leile era uma mãe maravilhosa para todos esses garotos. Para ela, era tácito que, estando disponível, qualquer um dos jovens iria ajudá-la no que fosse necessário, fosse o preparo das verduras, a lavação dos pratos, a lavanderia e outras tarefas domésticas.

Milton disse a Tex que poderia ajudá-lo, dando orientação e apoio psicológico aos rapazes, à medida que necessitassem. Acredito muito no trabalho dos O'Leile, pois ajudaram efetivamente muitos jovens órfãos ou sem família; e, ainda que informalmente, prestaram ótimo serviço, com o lar que dirigiam. Não lembro mais quando esse trabalho deles acabou.

Minha filha Betty Alice lembra-se de vários desses jovens que vinham à nossa casa. Ela não compreendia de que forma eles se encaixavam nos esquemas do pai, pois não eram realmente pacientes, mas tinham consultas particulares com ele. Um belo dia, um deles estava tentando interessá-la num jogo de cartas no terraço da frente, e contou-lhe sobre a vida na casa dos O'Leile. Ela se lembra de que, para o rapaz, o melhor de tudo era a quantidade de cachorros e outros pequenos animais que viviam no sítio.

Comentário de Marilia Baker. *Estas experiências com os ex-presos e com os meninos sem teto fazem-me lembrar de uma das histórias da infância de Erickson; aliás, uma que segundo suas próprias palavras, foi "a que mais me influenciou e que moldou meu pensamento a respeito da psicoterapia" (Gordon, 1981)*[8]*. É a história de um rapaz, Joe, que havia estado em vários reformatórios por haver cometido muitos atos criminosos, e de uma mocinha, Susie, que vivia numa fazenda.*

8. David GORDON, Maribeth MEYERS-ANDERSON, *Phoenix*, p. 167.

O menino Milton H. Erickson, aos 10 anos, ouviu dizer que Joe tinha voltado ao vilarejo. Ouviu o pessoal contando sobre todos os crimes cometidos por Joe e como ele tivera de cumprir cada dia de sua sentença na prisão, ao longo dos anos. Agora, ele tinha voltado e já havia abalado seriamente a confiança dos habitantes do lugar.

E ele se encontrou com a linda jovem Susie, altiva, independente de espírito, filha de um esforçado fazendeiro do lugar, muito trabalhador. Joe perguntou a ela: – "Posso levá-la ao baile na próxima sexta-feira?" Susie respondeu, muito segura de si mesma: – "Sim, você pode, se for um cavalheiro".

O menino Erickson teve oportunidade de então observar uma série de transformações fundamentais que ocorreram com Joe, que se tornou o melhor trabalhador e o melhor cidadão que a comunidade tinha visto até àquela época, a partir desta indução, natural e poderosa: – "Sim, você pode, se for um cavalheiro".

Marilia Baker: D. Elizabeth, o Dr. Erickson compreendia bem a importância dos animais e da natureza como recursos para uma hipnoterapia. Além das tarefas metafóricas ao ar livre que são bem conhecidas, como enviar os pacientes ao Squaw Peak ou ao Jardim Botânico do Deserto, quais outros lugares ele sugeria que explorassem?

***Elizabeth Erickson**: Havia um bom número de lugares que ele sugeria. Por exemplo, não me lembro exatamente quando, Milton soube da existência do viveiro de aves do Sr. Bernard Roer. Foi quando ainda vivíamos na Cypress Street. Nessa época, meu marido* *estava em bom estado físico, para dirigir e para caminhar facilmente e bastante.*

Bernard Roer morreu em dezembro de 1999. Seu obituário refere-se a ele como 'um conhecido expert no cuidado e criação de pássaros raros e exóticos'. O mesmo obituário menciona seu viveiro de aves em Phoenix – um santuário para os amantes das aves - como um lugar de notável interesse em nossa região, aberto à visitação, recebendo milhares de crianças em idade escolar, ao longo dos anos.

Milton tinha grande prazer em visitar o viveiro. Bernard Roer mantinha, não só gaiolas grandes e confortáveis, com abrigo solar, para cada um de seus pássaros raros e exóticos, como também havia construído áreas amplas, onde os pássaros cruzavam ou usavam como ponto de parada temporária nos vôos migratórios, usufruindo dos bebedouros, ou descansando nos lugares com sombra. O viveiro tinha galinhas, galos, pombas, canários, periquitos, tentilhões, papagaios, faisões, aves aquáticas, pavões reais e outros pássaros exóticos.

Meu marido mandava muitos de seus pacientes ao viveiro de Bernard Roer por várias razões: para usufruir do lugar, e para que se interessassem por alguma coisa, da mesma forma como sugeria outros passeios. Ele gostava também de levar pessoas de nossa família para ver o viveiro. Sugeria também a muitos pacientes que fossem ao centro de Phoenix para "descobrir oliveiras" ou ao Encanto Park para passar o dia, para fazer um piquenique, desfrutar da natureza e aprender *tudo que pudessem nestes passeios.*

Betty Alice se lembra de um paciente sentado na grama, olhando atentamente para um tufo, dizendo a ela que Dr. Erickson o havia enviado ali para que descobrisse os diferentes matizes do verde na grama, *pois esta não era só "verde"! Ele sempre amou, de coração, a natureza.*

Milton também sugeria a muitos pacientes que fossem ao Sunset Point, *nos arredores de Phoenix, para ver o por-do-sol ou ao* Boyce Thompson Arboretum, *perto da cidadezinha de Superior, ao noroeste do Estado. Frequentemente sugeria o* Arizona-Sonora Desert Museum, *em Tucson, considerado como um dos melhores zoológicos de deserto nos Estados Unidos! Ele acreditava enormemente no valor terapêutico de se* observar *a grandiosidade e beleza da natureza por toda parte. Minha filha Roxanna lembra-se também de que seu pai sempre sugeria aos pacientes e amigos que fizessem uma assinatura da revista* Arizona Highways, *elogiada nacionalmente pelas fotografias deslumbrantes, para que, não só usufruíssem da surpreendente beleza do Arizona, como também para eliciar, indiretamente, recursos internos para resolver problemas.*

Em seus últimos anos, Milton tornou-se conhecido por enviar seus pacientes ao Jardim Botânico do Deserto ou ao Squaw Peak. Contudo, estes eram somente dois dos lugares, entre muitos, com que se deleitava pessoalmente, e de cuja beleza sentia prazer em compartilhar.

Marilia Baker: - O Dr. Erickson tinha uma capacidade incansável e uma imaginação infinita para engendrar a *utilização* do mundo ao seu redor e para construir situações positivas. De que forma esta criatividade se manifestava em suas interações com as crianças?

***Elizabeth Erickson**: - "Milton gostava muito do 'fazer de conta' e da fantasia. Acreditava que a imaginação devesse desempenhar um papel bem importante no contato e comunicação com as crianças. E eu sempre acreditei nisso também. Nós dois concordávamos com o fato de que a maioria das crianças continua acreditando, até um certo ponto mas bastante sinceramente, na existência do Papai Noel, nas fadas, nos animais que falam e outras histórias. Contudo, mesmo quando elas ainda acreditam até certo nível, reconhecem, num outro nível, que essas fantasias são unicamente parte de sua infância. Lembro-me, por exemplo, de que, ainda criança, ficava maravilhada ao saber que uma velha empregada doméstica irlandesa que tínhamos ainda acreditava, de verdade, nas fadas e nos duendes. Imagine, uma mulher adulta!*

Milton e eu estávamos de acordo que não fazia mal, e até era bom para as crianças, que acreditassem nos contos de fada, no Papai Noel, no coelhinho da Páscoa, etc. Sua contribuição especial para este mundo da fantasia era uma rã que se chamava 'White Tummy', a Barriguinha Branca. Ele sempre podia inventar, sem muito esforço, uma historinha com ela. Nossos filhos menores sempre se divertiam com as peripécias da Barriguinha Branca e alguns deles, contaram essas historinhas para seus próprios filhos, até certo tempo atrás.

Meu marido adorava mágica. Gostava muito da ilusão criada por um truque mágico. Ficava intrigado com o que o mágico havia feito, gostava de descobrir como havia feito e como este havia distraído a platéia. Ele mesmo sabia vários truques mágicos e alguns deles com cordas e magnetos. Acabava ensinando esses truques aos filhos, mas sempre se deleitava em surpreendê-los primeiro, com seus poderes mágicos.

Um de seus alunos havia sido mágico profissional. Algumas vezes, Milton pediu-lhe que mostrasse sua mágica para os meninos e ele, algumas vezes, explicava seus segredos, enquanto os executava. Para os meninos, era uma demonstração poderosa de como a distração afeta a percepção. Ele e seu aluno mantinham longas discussões a propósito das sugestões subliminares que as pessoas emitem quando "suas mentes estão sendo lidas", assim como também sobre a importância da escolha do momento oportuno para intervir com as técnicas de distração; por exemplo, para desviar a atenção de situações difíceis ou dolorosas.

Dr. Erickson também gostava muito de ler histórias em quadrinhos. Gostava tanto das cômicas como das mais 'mágicas', como as do Capitão Marvel, do Super-Homem e o favorito de meu filho Allan, o Homem Borracha. Milton e ele discutiam entre si as várias maneiras pelas quais o Homem Borracha conseguia esticar-se e manipular seu corpo. O Allan era ainda pequeno, mas estas discussões *eram bem sérias! Outros favoritos eram a Luluzinha, o Pogo e o Pato Donald. As crianças sabiam muito bem que, se pegassem as revistinhas para ler, deveriam deixá-las no lugar certo, antes de seu pai começar a procurá-las!*

Marilia Baker: D. Elizabeth, Roxanna comentou comigo que o trabalho terapêutico do Dr. Milton com um amigo artista, que havia sofrido um acidente muito sério, foi um de seus maiores sucessos terapêuticos. Isto aconteceu no início de sua prática particular, nos primeiros anos aqui no Arizona. Este trabalho terapêutico foi a evidência que reforçou, para o Dr. Erickson, seu conceito sobre os recursos infinitos existentes nos seres humanos e ilustra a profundeza da capacidade curativa que ele era capaz de eliciar em seus pacientes.

***Elizabeth Erickson**: Sim, tudo isso é verdade. Este amigo era basicamente artista, e especialmente talentoso como escultor. Contudo, para sustentar sua mulher e quatro filhos, trabalhava principalmente como carpinteiro e fazia trabalhos de acabamento fino em marcenaria, para os quais era excelente.*

Porém, em 1951, enquanto trabalhava em reformas na casa de um outro médico, acidentalmente decepou três dedos de sua mão direita. Chamaram Milton ao hospital imediatamente após a cirurgia de emergência. O artista então disse a meu marido que sentia que sua vida tinha se acabado, pois estava arrasado com o sofrimento proveniente deste acidente horrível. E, pior, não se imaginava capaz de fazer nem objetos, nem arte, como anteriormente fazia. Nessa primeira visita, meu marido olhou bem para nosso amigo e prometeu-lhe que iria 'ensiná-lo a apertar as mãos das pessoas de tal maneira, que ninguém iria perceber que havia perdido três dedos'.

Esta promessa inesperada se converteu numa indução profunda, de tal forma, que o rapaz imediatamente acreditou em Milton. Ele já confiava em Milton como médico. Sabia, além disso, que era um mestre na arte de curar-se a si mesmo.

Nosso amigo compreendeu então que poderia ter um futuro brilhante. Se ele ia poder apertar as mãos de todos, cumprimentar as pessoas de modo tal que ninguém notaria a falta de seus dedos, então poderia qualquer coisa.

Após uma série de cirurgias, o dedo restante e o polegar foram reposicionados de maneira que ele tivesse força para agarrar coisas com essa mão. Em última análise, ele conseguiu ajustar-se a essa situação completamente e até fazer chiste sobre sua 'mão–de–alicate'. E acredito totalmente que Milton ajudou muitíssimo nosso amigo, para que pudesse se ajustar àquela terrível perda.

Após este acidente, esse amigo artista continuou a esculpir belas obras de arte. E, de fato, acreditava que seus melhores trabalhos artísticos aconteceram depois do acidente. Fez um busto de Milton em terracotta e, posteriormente, em bronze. Fez também uma placa de cobre comigo e com meus cinco filhos. Tornou-se um artista produtivo e, finalmente, muito reconhecido como escultor de renome na comunidade artística.

Muitos de seus trabalhos continuam a ser exibidos em locais públicos do Arizona.[9]

Marilia Baker: Pelo que a senhora nos está contando, parece-me que todas essas experiências do Dr. Erickson nesses primeiros anos no Arizona, além da vegetação e ecologia do deserto do Sonora, mais o ambiente acolhedor de cidade pequena em Phoenix, vieram bem de encontro aos seus talentos, suas capacidades criativas e seu espírito indômito.

***Elizabeth Erickson**: Tudo o que fazemos, nos torna o que somos, ao final. As ligações que tecemos e aquilo que fazemos, tudo tem um impacto que não podemos avaliar, ou mesmo antecipar, naquele momento. Tudo tem significado, se estivermos abertos para isso.*

Marilia Baker: Muito obrigada, D. Elizabeth, por compartilhar esses momentos, tão preciosos, comigo e com nossos leitores ao redor do mundo.

---

9. A viúva desse artista faz uma narração comovente sobre esse evento no vídeo produzido por Jay Haley e Madeleine Richeport-Haley "*Milton H. Erickson: Explorer in Hypnosis and Therapy*", 1993, Triangle Productions. Fonte: FUNDAÇÃO Milton H. Erickson, Arquivos.

APÊNDICE

ELIZABETH MOORE ERICKSON:

Discurso de abertura, conferência internacional sobre "Terapia Breve - Essência e Evolução", organizada pela Fundação Milton H. Erickson, em Orlando, Flórida, dezembro de 1993.

Em nome da Fundação Milton H. Erickson e da família de Milton Hyland Erickson, dou as boas vindas a todos os participantes desta Conferência. Infelizmente minha filha, a Dra Kristina Erickson, membro do Conselho Diretor da Fundação, não pôde estar presente. Contudo, trabalhamos, ela e eu, no preparo destas palavras de abertura e na reflexão sobre a filosofia e ensinamentos de meu falecido marido, Milton H. Erickson. E no espírito desta conferência sobre terapia breve, desejo apresentar um breve sumário das orientações dele sobre o trabalho terapêutico.

Agradeço sua atenção e seu tempo, para que eu possa oferecer uma introdução mais detalhada e séria do pensamento do Dr. Erickson sobre terapia. Meu desejo seria de que Milton pudesse estar hoje aqui conosco, pois apreciava sobremaneira o processo educativo e sentir-se-ia muito orgulhoso e gratificado por ver esta reunião de profissionais. Era um homem cheio de entusiasmo, que gostava muito de viver e que trabalhou toda a sua vida para que outros pudessem tornar suas próprias vidas produtivas e satisfatórias.

Milton dedicou muito de seu tempo e esforço para desenvolver uma terapia que ajudasse o paciente a alcançar uma vida produtiva e feliz, da forma mais eficiente e rápida possível.

Nestas minhas breves palavras introdutórias vou lhes trazer algumas falas importantes de meu marido, na esperança de que estas os aproximem um pouco mais da filosofia da educação que ele tanto enfatizava.

Muitos indivíduos presumem que a abordagem terapêutica de meu marido era de natureza intuitiva, baseada em um conhecimento inconsciente e em decisões instantâneas ou de última hora. Nada mais falso e distante de sua verdade. Mesmo quando era ainda muito criança, já havia decidido que seria médico quando crescesse, pois admirava muito um excelente médico da área rural do Estado de Wisconsin, onde cresceu. Também quando era ainda criança, assistiu a um mágico de palco fazendo hipnose. Achou tudo muito interessante, ficou muito curioso e queria estudar tudo sobre o assunto. Contudo, mesmo ainda jovem, decidiu que esperaria até estudar na Universidade, pois queria aprender a coisa certa, cientificamente, e não como truque ilusório de palco.

Dessa forma, ao longo de seus estudos universitários, decidiu que tanto sua Pós-graduação em Psicologia como sua carreira em Medicina seriam baseadas em princípios rigorosos e científicos e que neles estariam incluídas abordagens verdadeiramente racionais e objetivas de um aprendizado sobre a natureza da hipnose, e sua aplicação ao comportamento e funcionamento humanos. E por toda a sua vida, em suas pesquisas e estudos, nas publicações e no ensino, meu marido continuou adepto dessa rigorosa metodologia científica.

Esta Conferência tem como objetivo oferecer-lhes sessões educativas em que, enfatizando o desenvolvimento de sua competência em comunicação, irão capacitá-los ainda mais a proporcionar a seus pacientes uma terapia eficiente e eficaz. Dessa forma, ofereço-lhes então a premissa seguinte.

Para o psicoterapeuta a terapia nunca é breve. Ao contrário, é a culminância de anos de educação contínua, de observação, de atenção ao detalhe, de assimilação de dados e de uma aplicação diligente, ética e cuidadosa dessa experiência e desse conhecimento de toda uma vida. É um processo contínuo, vitalício, e ao descrever essa busca contínua do conhecimento, Erickson disse o que agora cito na íntegra:

> *Quanto mais amplos forem o seu conhecimento e compreensão sobre a natureza humana, seus processos biológicos e sobre a história da vida de cada indivíduo, mais amplo será seu conhecimento sobre suas próprias reações e sobre seu próprio potencial, e tanto melhor será sua prática clínica e sua própria vida.*

Ensinar e ter alunos foi um dos grandes interesses de Milton e, durante seus anos mais fisicamente ativos, não só ocupou posições na Universidade de Michigan, como também dava palestras e fazia conferências em diversas faculdades e universidades por todos os Estados Unidos e em muitas universidades no estrangeiro. Publicou também muitos estudos que envolviam experimentos controlados sobre a natureza da hipnose e dos distúrbios mentais e seu tratamento. Além disso, dava também supervisão a outros profissionais, em pesquisas e experimentos.

A citação acima resume a crença de Erickson de que um conhecimento cada vez mais amplo e profundo permite que o terapeuta pratique melhor seu ofício e que, progressivamente, se sinta mais e mais gratificado. Implica também em que a tarefa do terapeuta nunca é 'breve', mas sim um processo de expansão contínua de sua base de informações. Milton H. Erickson sugeria que os psicoterapeutas adquirissem conhecimento adequado em biologia, história, antropologia, sociologia, fisiologia - todos os aspectos vitais do *ser* humano. Dizia que o terapeuta deve, em todos os momentos, ser um estudante, ser um estudioso. Ou melhor, em poucas palavras, Erickson, ao falar de seu trabalho disse o que cito na íntegra:

Eu observava cuidadosamente e procurava
ver tudo.

Vejam que a ênfase é na palavra final, porque o tratamento terapêutico incorpora e abrange verdadeiramente TUDO.

À medida que prosseguirmos com esta Conferência, a intenção educativa da Fundação é a de que os participantes tenham acesso a informações que irão beneficiá-los em seus esforços profissionais como clínicos e pessoas. Uma das advertências de meu marido era a seguinte e eu a cito na íntegra:

Certifique-se de evitar seguir uma só linha de atuação ou uma só técnica.

Por isso mesmo, trouxemos aos participantes do Congresso um corpo docente composto de estudiosos e professores respeitadíssimos em seus campos, todos autores com publicações, para que lhes apresentem uma gama ampla de conhecimentos, deixando a critério dos participantes escolher quais dessas informações aqui compartilhadas se aplicam mais particularmente a seu caso e irão beneficiar mais seu trabalho clínico. Dessa forma, não planejamos impor aos congressistas o que devem e o que não devem aprender. Pelo contrário, queremos oferecer uma variedade e amplitude de conhecimento tal, que suas necessidades individuais e únicas sejam atendidas. Como meu marido disse em 1965:

Não sei que tipo ou forma de pensar você deveria utilizar. Creio, contudo, que você deve aproveitar de seu próprio pensar em termos de sua própria competência.

Milton H. Erickson reconhecia e ensinava que cada indivíduo é único, singular e que a terapia deve ser talhada para cada indivíduo. Essa unicidade e essa singularidade se estendem à pessoa do terapeuta. Milton disse:

E pelo que pude descobrir em cinqüenta anos de prática, cada pessoa é um indivíduo diferente e único. Sempre vou de encontro a cada pessoa como indivíduo, enfatizando sempre suas qualidades únicas, próprias.

O trabalho terapêutico é um trabalho árduo. Erickson passou muito de sua vida em cima de livros, artigos e monografias, estudando, lendo, escrevendo, e buscando, pesquisando melhores formas de fazer terapia. Ele disse em 1952 o que aqui cito na íntegra:

> *Nenhuma pessoa pode realmente entender os padrões individuais de aprendizagem e de respostas de outra pessoa.*

Entretanto... acreditava que o terapeuta *deve* tentar! Fez, dessa maneira, o trabalho, os esforços, e os estudos necessários para capacitar-se na compreensão e nas competências e habilidades necessárias para ajudar os outros. Depois de mudar-se para o Arizona em 1948, por exemplo, começou sua prática psiquiátrica particular. Mas continuou a viajar e a treinar equipes clínicas, a ensinar em universidades e dar palestras em sociedades científicas. Continuou também a escrever muitos trabalhos baseados em análises muito bem pensadas de planos de tratamento e intervenções terapêuticas, em estudos de mecanismos mentais e semelhantes pesquisas e investigações.

Quando ele não pôde mais viajar, gostava muito de receber os profissionais em nossa casa e no consultório, para dar palestras ou ensinar em grupos de estudo, especialmente depois que ele se aposentou da atividade clínica. Os estudantes algumas vezes presumiam que suas intervenções terapêuticas eram feitas espontaneamente, em seqüência não planejada. Contudo, o que eles nem sempre compreendiam, apesar dos esforços de Milton para que isso ficasse claro e aparente, era que seus estratagemas terapêuticos eram baseados numa longa carreira de estudos e, sempre, aderindo estritamente a um plano de tratamento e desenvolvimento, muito bem pensado e muito científico.

Pode parecer para o paciente que estamos fazendo um trabalho de terapia breve, mas atrás desse resultado está um terapeuta diligente e dedicado, que vem trabalhando longa e arduamente. Como exemplo desse prolongado processo por que passam os psicoterapeutas, Erickson, ao descrever seu método de engendrar sugestões para oferecer ao cliente, dizia:

> *... eu então escrevia umas 40 páginas de sugestões, as quais posteriormente condensava em umas 20 páginas e, mais tarde, resumia para umas 10. Aí, então, eu muito cuidadosamente reformulava e burilava ainda mais a utilização de cada palavra ou frase, para que, finalmente, pudesse condensá-las em umas cinco páginas... Qualquer um que esteja seriamente disposto a aprender sobre o uso de sugestões necessita passar por este processo, a fim de se tornar verdadeiramente consciente daquilo que está verdadeiramente dizendo...*

Em outras palavras: a psicoterapia é um trabalho árduo e, para o terapeuta, ela é tudo, menos *breve*!

E agora, que estão prestes a iniciar seus estudos e trabalhos neste congresso, e eu finalizando meu discurso, ofereço-lhes mais umas palavras de Milton. Na fase final de sua vida, em sua sábia velhice, aconselhava os jovens:

... e assim, devem manter sempre uma mente aberta e não uma mente crítica, ou avaliativa; mantenham uma mente curiosa, uma mente científica, sempre imaginando qual é a verdadeira situação...

Em seu lugar, eu lhes dou as boas vindas e estendo nossa apreciação e agradecimento pelo fato de estarem aqui, assistindo e presenciando este evento porque, sem vocês todos, o futuro não existiria e nem o progresso da ciência, do conhecimento, e da educação. O futuro está em suas mãos, e nós lhes agradecemos por estarem aqui.

5 de dezembro de 1993

Elizabeth Moore Erickson

Citações encontradas em:
Ronald HAVENS, *The wisdom of Milton H. Erickson.*
Sidney ROSEN, *Minha voz irá contigo.*

BIBLIOGRAFIA

Trabalhos publicados por Elizabeth Moore Erickson

ERICKSON, Elizabeth M. & ERICKSON, Milton H. Hypnotic induction of hallucinatory color vision followed by pseudo-negative afterimages. *Journal of Experimental Psychology*. v. 22, n. 6, p. 581-588, jun. 1938. Reimpresso em: ROSSI, E. (Ed.) *The collected papers of Milton H. Erickson on hypnosis*. New York: Irvington, 1980. v. II. p. 5-10.

ERICKSON, Elizabeth M. & ERICKSON, Milton H. Concerning the nature and character of posthypnotic behavior. *Journal of Genetic Psychology*. v. 24, n. 1, p. 95-133, jan. 1941. Reimpresso em: ROSSI, E. (Ed.) *The collected papers of Milton H. Erickson on hypnosis*. New York: Irvington, 1980. v. I, p. 381-411.

ERICKSON, Elizabeth M. Discussion: critical comments on Hibler's presentation of his work on negative afterimages of hypnotically induced hallucinated colors. *Journal of Experimental Psychology*. v. 29, p. 164-170, aug. 1941. Reimpresso em: ROSSI, E. (Ed.) *The collected papers of Milton H. Erickson on hypnosis*. New York: Irvington, 1980. v. II, p. 11-17.

ERICKSON, Elizabeth M. & ERICKSON, Milton H. Further considerations on time distortion: subjective time condensation as distinct from time expansion. *American*

Journal of Clinical Hypnosis. v. 1, n. 2, p. 83-89, oct. 1958. Reimpresso em: ROSSI, E. (Ed.) *The collected papers of Milton H. Erickson on hypnosis*. New York: Irvington, 1980. v. II, p. 291-298.

ERICKSON, Elizabeth M. Observations concerning alterations in hypnosis of visual perceptions. *American Journal of Clinical Hypnosis*. v. 5, n. 2, p. 131-134, oct. 1962. Reimpresso em: ROSSI, E. (Ed.) *The collected papers of Milton H. Erickson on hypnosis*. New York: Irvington, 1980. v. II, p. 66-70.

ERICKSON, Elizabeth M. Further observations on hypnotic alteration of visual perception. *American Journal of Clinical Hypnosis*. v. 8, n. 3, p. 187-188, jan. 1966. Reimpresso em: ROSSI, E. (Ed.) *The collected papers of Milton H. Erickson on hypnosis*. New York: Irvington, 1980. v. II. p. 71-72.

Referências Bibliográficas

BADER, Ellyn & PEARSON, Peter. *In quest of the mythical mate*: a developmental approach to diagnosis and treatment in couples therapy. New York: Brunner/Mazel, 1966.

ERICKSON, Betty Alice. Reflections on training by Erickson: the mirror within. In: ZEIG, J. K. & LANKTON, S. R. (Eds.) *Developing ericksonian therapy*: state of the art. New York: Brunner/Mazel, 1988. p. 465-476.

ERICKSON, Betty Alice. Storytelling. In: ZEIG, J. K. & GEARY, B. B. (Eds.) *The handbook of ericksonian psychotherapy*. Phoenix, AZ: The Milton H. Erickson Foundation, 2001. p. 112-121.

ERICKSON, Lance et al. How Milton H. Erickson encouraged individuality in his children. In: ZEIG, J. K. & LANKTON, S. R. (Eds.) *Developing ericksonian therapy*: state of the art. New York: Brunner/Mazel, 1988. p. 493-510.

FUNDAÇÃO Milton H. Erickson: Arquivos. Phoenix, Arizona, [19—].

GIBRAN, Kahlil. *The prophet*. New York: Alfred A. Knopf, 1959. Edição em português: *O profeta*. São Paulo: Martin Claret, 2003.

GORDON, David & MEYERS-ANDERSON, Maribeth. *Phoenix*: the therapeutic patterns of Milton H. Erickson. Capitola, CA: Metapublications, 1981.

GRAY, Elizabeth Dodson. *Sacred dimensions of women's experience*. Wellesley, MA: Roundtable, 1988.

HALEY, Jay. *Terapia não convencional*: as técnicas psiquiátricas de Milton H. Erickson. São Paulo: Summus, 1991.

HALEY, Jay. *Jay Haley on Milton H. Erickson*. New York: Brunner/Mazel, 1993.

HALL, Nor. *The moon and the virgin*: reflections on the archetypal feminine. New York, Harper & Row, 1980.

HAVENS, Ronald A. *The wisdom of Milton H. Erickson*: hypnosis and psychotherapy. New York: Irvington, 1985. v. I.

HOLLIS, James. *The middle passage*: from misery to meaning in midlife. Toronto: Inner City, 1993.

JORDAN, Judith et al. *Women's growth in connection*: writings from the stone center. New York: Guilford, 1991.

JORDAN, Judith et al. *Women's growth in diversity*: more writings from the stone center. New York: Guilford, 1997.

KERSHAW, Carol. *The couples hypnotic dance*: creating ericksonian strategies in marital therapy. New York: Brunner/Mazel, 1992. Edição em espanhol: *La danza hipnótica de la pareja*: creación de estrategias ericksonianas en terapia conyugal. Buenos Aires: Amorrortu Editores, 1994.

LANKTON, Stephen R. & LANKTON, Carol H. *The answer within*: a clinical framework of ericksonian hypnotherapy. New York: Brunner/Mazel, 1983.

MCADAMS, Dan. *The stories we live by*: personal myths and the making of the self. New York: Guilford, 1993.

MEAD, Margaret. *Blackberry winter*: my earlier years. New York: Simon & Schuster, 1972.

MILLS, Joyce & CROWLEY, Richard. *Therapeutic metaphors for children and the child within*. New York: Brunner/Mazel, 1986.

MOORE, Thomas. *SoulMates*: honoring the mysteries of love and relationship. New York: HarperPerennial, 1994.

ROBLES, Teresa. *A magia de nossos disfarces*. Belo Horizonte: Diamante, 2001.

ROBLES, Teresa & ABIA, Jorge. *Autohipnose*: aprendendo a caminhar pela vida. Belo Horizonte: Diamante, 2001.

ROBLES, Teresa. *Concerto para quatro cérebros*: em psicoterapia. Belo Horizonte: Diamante, 2001.

ROBLES, Teresa. *Revisando o passado para construir o futuro*: manual de auto-hipnose. Belo Horizonte: Diamante, 2001.

ROBLES, Teresa. Indirect work with couples. In: ZEIG, J. K. & GEARY, B. B. *The handbook of ericksonian psychotherapy*. Phoenix, AZ: The Milton H. Erickson Foundation, 2001. p. 443-457.

ROSEN, Sidney. *Minha voz irá contigo*: os contos didáticos de Milton H. Erickson. Campinas: Psy, 1992.

ROSSI, Ernest L., (Ed.). *The collected papers of Milton H. Erickson on hypnosis*: vol. I: the nature of hypnosis and suggestion. New York: Irvington, 1980a.

ROSSI, Ernest L., (Ed.). *The collected papers of Milton H. Erickson on hypnosis*: vol. II: hypnotic alteration of sensory, perceptual and psychophysiological processes. New York: Irvington, 1980b.

ROSSI, Ernest L., (Ed.). *The collected papers of Milton H. Erickson on hypnosis*: vol. III: hypnotic investigation of psychodynamic processes. New York: Irvington, 1980c.

ROSSI, Ernest L., (Ed.). *The collected papers of Milton H. Erickson on hypnosis*: vol. IV: innovative hypnotherapy. New York: Irvington, 1980d.

ROSSI, Ernest L. et al. (Eds.) *Creative choice in hypnosis*: the seminars, workshops and lectures of Milton H. Erickson, vol. IV. New York: Irvington, 1992.

ROSSI, Ernest L. et al. (Eds.) *Healing in hypnosis*: the seminars, workshops and lectures of Milton H. Erickson, vol. I. New York: Irvington, 1983.

ROSSI, Ernest L. et al. (Eds.) *Life reframing in hypnosis*: the seminars, workshops and lectures of Milton H. Erickson, vol. II. New York: Irvington, 1985.

ROSSI, Ernest L. et al. (Eds.) *Mind-body communication in hypnosis*: the seminars, workshops and lectures of Milton H. Erickson, vol. III. New York: Irvington, 1986.

SINGER, June. *Love's energies*. Boston: Sigo, 1983.

WEBSTER'S New Universal Unabridged Dictionary. New York: Simon & Schuster, 1979.

ZEIG, Jeffrey K. *Vivenciando Erickson*: uma apresentação da pessoa humana e do trabalho de Milton H. Erickson, M.D. Campinas: Psy, 1994.

ZEIG, Jeffrey K. & MUNION, Michael W. *Milton H. Erickson*. London: Sage, 1999.

ZEIG, Jeffrey K. & GEARY, Brent B. (Eds.) *The letters of Milton H. Erickson*. Phoenix, AZ: Zeig, Tucker & Theisen, 2000.

ZEIG, Jeffrey K. & GEARY, Brent B. (Eds.) *The handbook of ericksonian psychotherapy*. Phoenix, AZ: The Milton H. Erickson Foundation, 2001.

Terceira Parte
Ensaio Fotográfico

ELIZABETH EUPHEMIA MOORE.

Foto tirada em 1931, aos 16 anos, para sua formatura de 2º Grau. A cerimônia de formatura foi em fevereiro de 1932.

Estava feliz por completar esta etapa de seus estudos e felicíssima pelo penteado ondulado, "a la *Marcel*". Esse estilo de penteado, que esteve na moda nas primeiras décadas do século XX, foi assim denominado em honra do estilista francês *Monsieur* Marcel Grateau, que o criou em fins do século XIX.

cortesia da Família Erickson

Elizabeth Euphemia Moore, 1932.

Aos 17 anos, ao entrar para o Detroit City College, posteriormente denominado Wayne State University, onde estudou Psicologia Acadêmica. O país ainda estava se recuperando economicamente dos anos difíceis e duros da Grande Depressão. (1929-1934).

cortesia da Família Erickson

Pronta para montar o elefante, 1932.

Elizabeth, num traje elaborado, usa um requintado toucado de plumas de avestruz e um leque feito com as mesmas plumas.

Este foi o segundo ano em que participou do pomposo desfile de abertura do circo *The Ringling Brothers Barnum & Bailey Circus.* No ano anterior, aos 16 anos, Elizabeth se fantasiou de Cinderela e desfilou pela arena, em sua carruagem estilo abóbora levada por pôneis de raça Shetland, guiada por anõezinhos cocheiros e escoltada por um lacaio. Desde sua infância ela adorava aquele Circo. E, por toda sua longa vida, permanece uma grande aficionada de circos...

cortesia da Família Erickson

Junho de 1936. Os recém-casados Milton e Elizabeth.

Iniciando a lua-de-mel em Wisconsin, na fazenda dos pais de Erickson. Houve uma reunião com toda a família: os pais de Milton, Albert e Clara, seu irmão, suas sete irmãs e respectivas famílias.

Os recém-casados deixaram os três filhos de Erickson aos cuidados da família e foram, de carro, passar sua lua-de-mel na linda região norte de Wisconsin, atravessando a famosa península superior de Michigan.

Partiram para uma inesquecível aventura, que durou toda uma vida! E, a cada ano, em seu aniversário de casamento, o Dr. Erickson mandava orquídeas de cor violeta para sua esposa, as "orquídeas de nossas bodas".

cortesia da Família Erickson

1942. Elizabeth aos 27 anos.

A admirável beleza clássica de Elizabeth, aos 27 anos. Gostava muito deste vestido de veludo azul-marinho. Na época, broches de flores estavam no auge da moda.

cortesia da Família Erickson

JANEIRO DE 1952. A FAMÍLIA ERICKSON REUNIDA NA CASA DE Nº 32 DA WEST CYPRESS STREET, EM PHOENIX.

Da esquerda para a direita: Clara, Albert, Allan, Lance, Betty Alice, Bert, D. Elizabeth com Kristina, ainda bebê, em seus braços, Robert, Carol, Roxanna e o Dr. Erickson.

Os pais de Erickson, Clara e Albert, estiveram casados por 73 anos e viveram por mais de noventa.

cortesia da Família Erickson

1963. D. ELIZABETH E DR. ERICKSON COM MARGARET MEAD.

D. Elizabeth e o Dr. Erickson ladeiam a amiga, a antropóloga Margaret Mead, com o característico bastão de pastor que usava para caminhar. Era visitante freqüente da casa na West Cypress.

Nessa época, era manifesta a liderança de Milton H. Erickson, no ápice de sua carreira como criador e inovador nos campos da hipnose e psicoterapia.

Durante os anos da Segunda Guerra Mundial, Milton H. Erickson, Margaret Mead e seu marido Gregory Bateson também trabalharam juntos, em projetos especiais de inteligência para o Governo.

cortesia da Família Erickson

A ALQUIMIA DO AMOR.

Foto tomada ao redor de 1960, numa parada do navio durante um cruzeiro pelas ilhas do Caribe. O casal visitava um Jardim Botânico local.

Em fins dos anos 50 e princípios dos anos 60, D. Elizabeth acompanhou o marido em vários cruzeiros didáticos, uma "universidade flutuante", nos quais Erickson dava seus cursos de capacitação em hipnose. Os navios faziam pequenas paradas em Porto Rico, no Haiti, na República Dominicana, na Martinica.

Os *Seminários sobre Hipnose* durante muitos anos atraíram um grande público, formado por médicos, psicólogos e odontólogos. Esses cruzeiros didáticos foram os precursores da *American Society of Clinical Hypnosis* (ASCH), fundada por Erickson e colegas em 1957.

cortesia da Família Erickson

A FABULOSA "SAIA ERICKSON".
CRUZEIRO DOS *SEMINÁRIOS SOBRE HIPNOSE*, 1959.

Esta extraordinária saia, com a imagem do Dr. Erickson gravada em processo *silk-screen*, foi desenhada à mão pelo artista William Gentry, de Phoenix, Arizona. O modelo foi gravado inicialmente em azulejos de cor azul, com os quais o artista construiu um quadro presenteado à família. No quadro estavam as palavras "Deixem suas preocupações aqui", seguidas da assinatura: Milton H. Erickson.

Dona Elizabeth ainda guarda essa preciosa saia, seu tesouro, no guarda-roupa de cedro da casa na Hayward Avenue, em Phoenix.

cortesia da Família Erickson

Cruzeiro pelo Caribe, dos *Seminários sobre Hipnose*, por volta de 1959.

O bom-gosto e senso de estética de D. Elizabeth ficam evidenciados neste vestido branco, projetado por um estilista, ao estilo nativo-americano, com orlas e bordas em prateado e azul.

cortesia da Família Erickson

Seminários sobre Hipnose, a bordo de um navio cruzeiro, fins dos anos 50.

Elizabeth Erickson usufruía enormemente da companhia de sua cunhada, Bertha Bachman, vista à frente no retrato. Erickson freqüentemente utilizava sua irmã Bertha, assim como a mulher Elizabeth, as filhas Betty Alice e Roxanna e a nora Lillian, para as demonstrações clínicas, nos cursos de formação.

Os cursos e as viagens dos *Seminários sobre Hipnose* sempre tiveram muito sucesso e criaram na comunidade científica uma grande demanda para capacitação profissional. Muitos dos colegas do Dr. Erickson participaram destes *Seminários*, entre eles os médicos Seymour Hershman, Irving Secter, William Kroger e o odontólogo Edward Aston.

cortesia da Família Erickson

Cruzeiro pelo Caribe. *Seminários sobre Hipnose,* princípios dos anos 60.

Um outro alegre e prazenteiro momento na vida do casal Erickson. A fabulosa "saia Erickson" mantém sua beleza e originalidade, quarenta e dois anos depois. É uma verdadeira obra de arte.

cortesia da Família Erickson

Seminários sobre Hipnose. Cruzeiro pelo Caribe, princípios de 1960.

Milton e Elizabeth, um casal feliz, produtivo e que deixava transparecer sinergia.

cortesia da Família Erickson

OS ANOS DA MATURIDADE: *UMA RICA COLHEITA*.

Os Erickson em sua casa da Hayward Avenue em Phoenix. O retrato de Albert Einstein aparece pendurado na parede do fundo.

cortesia da Família Erickson

SABEDORIA: O FRUTO DE TODA UMA VIDA.

Milton H. Erickson e D. Elizabeth em frente de sua queridíssima árvore de Palo Verde. Alguns membros da família acreditam ser este o maior espécime de Palo Verde em todo o deserto do Sonora.

cortesia da Família Erickson

VIDA MARAVILHOSA: O CASAL ERICKSON.

A vida não é algo a que se possa dar uma resposta imediata. Você deve usufruir do processo da espera, do processo de você se tornar você mesmo, você mesma. Não há nada mais prazeroso do que plantar sementinhas de flores e não saber quais variedades irão brotar.

Milton H. Erickson

cortesia da Família Erickson

ANO 2000.

Elizabeth Moore Erickson,

mulher extraordinária, profissional, esposa, mãe e companheira.

cortesia da Família Erickson

D. ELIZABETH, 22 ABRIL DE 2003.

As orquídeas são em homenagem àquelas que Dr. Erickson a presenteava nos aniversários de casamento.

cortesia da Família Erickson

EDITORIAL DIAMANTE

Rua Conde de Linhares, 837 - Sala 104 - Cidade Jardim
Belo Horizonte - MG
CEP: 30380-030
Telefax: (31) 3296-5299
E-mail: diamante@MiltonErickson-BH.PSC.br

Outros livros do Editorial Diamante

- A MAGIA DE NOSSOS DISFARCES, *Teresa Robles*
- CONCERTO PARA QUATRO CÉREBROS EM PSICOTERAPIA, *Teresa Robles*
- TERAPIA FEITA SOB MEDIDA. Um seminário ericksoniano com Jeffrey K. Zeig, *Teresa Robles*
- AUTOHIPNOSE. Aprendendo a caminhar pela vida, *Teresa Robles e Jorge Abia*
- REVISANDO O PASSADO PARA CONSTRUIR O FUTURO. Manual de autohipnose, *Teresa Robles*
- ABRINDO PORTAS COM AMOR. Caminhos na educação dos filhos e na prevenção de problemas futuros, *Angela Cota Guimarães Mendonça e J. Augusto Mendonça*
- FAZENDA ESPERANÇA. Histórias que ajudam pequenos e grandes, *Cecilia Fabre (Ed.)*